Ella ofreció a Cristo

El legado de las mujeres predicadoras
en el metodismo primitivo

Paul W. Chilcote

287.082
C438 Chilcote, Paul Wesley, 1954-
         Ella ofreció a Cristo : El legado de las mujeres
     predicadoras en el metodismo primitivo / Paul
     Wesley Chilcote. – San José : Sebila, 2018.
         169 p. ; 21 cm.

         ISBN: 978-9977-958-84-2

              1. Mujeres metodistas – Inglaterra – Historia
         – Siglo XVIII. 2. Mujeres en el clero – Inglaterra
         – Historia – Siglo XVIII. I. Chilcote, Paul Wesley,
         1954-. II.t.

Versión en inglés:
She Offered Them Christ, Copyright 1993
Agingdon Press Nashville, TN, USA
All Rights Reserved

◆

Versión en español publicada con permiso:
1995 primera impresión
1999 segunda impresión
2017 tercera impresión
2018 cuarta impresión

Diagramación/portada:
Damaris Alvarez Álvarez

Traducido por Otto Minera

◆

◆

ISBN 978-9977-958-84-2

◆

Departamento de Publicaciones, UBL
San José, Costa Rica
Julio, 2018

❦❧

*A todas las mujeres que, en palabras y en hechos,
han ofrecido a Cristo por la vida del mundo;
pero especialmente a Janet, mi esposa,
y a mis hijas, Sandy, Rebekah,
Anna, Mary y Ruth.*

❦❧

◆

Departamento de Publicaciones
Universidad Bíblica Latinoamericana
COMITÉ EDITORIAL SEBILA:
M.Sc. Ruth Mooney (directora)
Dr. José Enrique Ramírez-Kidd
M.Sc. Elisabeth Cook
M.Sc. David Castillo

◆

UNIVERSIDAD BÍBLICA
LATINOAMERICANA
PENSAR • CREAR • ACTUAR

Institución que da continuidad
a las labores educativas inicia-
das por el Seminario Bíblico
Latinoamericano desde 1923.

Apdo 901-1000, San José, Costa Rica
Tel.: (+506) /2283-8848/2283-4498
Fax.: (+506) 2283-6826
E-mail: registro@ubl.ac.cr
www.ubl.ac.cr

Contenido

Introducción

as mujeres jugaron un papel vital para que el avivamiento wesleyano en Inglaterra fuera un poderoso despertar religioso. Su búsqueda de la verdad y la justicia infundió vitalidad al movimiento. Los primeros metodistas no sólo redescubrieron las verdades que la comunidad de fe había olvidado, sino que su fe los guió a confrontar las injusticias de su mundo. Las mujeres metodistas tuvieron el valor de reclamar su debido lugar dentro de la vida de la iglesia. Ellas desafiaron la represión institucional y cuestionaron la validez de las estructuras excluyentes. Las mujeres predicadoras permanecieron firmes en el frente de la lucha por la liberación.

A lo largo de muchas generaciones, las mujeres han participado en esta asombrosa tradición metodista de testimonio y servicio. Sin embargo, la dolorosa lucha por la aceptación y el reconocimiento continúa hasta nuestros días. Tomemos como ejemplo el caso de Elizabeth Bautista, cuya historia, como la de la mayoría de las mujeres metodistas, se arraiga profundamente en la fe cristiana. Fue administradora de tres escuelas y pionera fundadora de una clínica médica para aldeanos empobrecidos, además de predicar tres domingos al mes en una restaurada iglesia metodista unida.

"El Obispo reconoce mi trabajo eclesiástico", declara ella. "Yo he tratado de que se me ordene y servir al pueblo rural, pero hay muy pocas mujeres ordenadas en las Filipinas. Aunque he sido diaconisa por quince años y he estado al frente de dos iglesias, cada año ellos me dicen: "quizás el próximo año".

La historia de Elizabeth es una historia típica que se repite en la vida de muchas mujeres en incontables ocasiones. Dondequiera que he comunicado algo de lo que conozco sobre las primeras mujeres predicadoras metodistas a mujeres colegas, la respuesta siempre ha sido la misma. "Si yo solamente hubiera sabido algo acerca de estas mujeres". "¡Si la gente de mi iglesia solamente pudiera estar consciente de este rico legado dentro de nuestra propia tradición!" El descubrimiento de esta olvidada historia familiar podría abrirles el entendimiento y ablandar el corazón de todos aquellos que actualmente están sirviendo en parroquias en las que nunca han trabajado mujeres como pastoras. Podría, incluso, abrir algunas puertas. Y, ciertamente, enriquecería el ministerio de todos.

En los capítulos siguientes, usted encontrará la vida de algunas mujeres excepcionales, que merecieron ese calificativo no porque poseyeran extraordinarios dones, sino porque permitieron que Dios usara plenamente todo lo que ellas poseían. Dios toma lo que es ordinario y lo inviste de eterno significado y santo poder, cuando se ofrece gratuitamente para otros. Estas mujeres tuvieron el valor de ofrecer a Cristo al mundo en que vivían. Era un mundo igual al nuestro, en el que generalmente se prefieren las tinieblas a la luz. Sin embargo, cuando estas mujeres se apropiaron de la visión del sueño de Dios para su vida y su mundo nada pudo oponerse en su camino. Ellas llevaron ese sueño hasta realizarlo.

La historia de las mujeres predicadoras, por tanto, es una historia de potencial hecho realidad, de madurez en Cristo. Es inspirador porque evoca lo mejor de todos nosotros, hombres y mujeres semejantes. Por esta misma razón, el recobrar este legado puede ayudarnos a todos a ser humanos más íntegros. Adentrémonos en este estudio, entonces, con un profundo sentido de reconocimiento y con la expectativa de ser cambiados en el proceso de descubrimiento.

¡Que este estudio pueda ampliar su conocimiento y la profundidad de su fe! Esta es mi gran y sincera esperanza para usted.

Y no os conforméis a los patrones de este mundo, sino dejad que Dios os transforme internamente por un completo cambio de vuestra mente.

Romanos 12.2

Paul Wesley Chilcote

ભ ૭

La historia de las mujeres predicadoras, por tanto, es una historia de potencial hecho realidad, de madurez en Cristo. Es inspirador porque evoca lo mejor de todos nosotros, hombres y mujeres semejantes. Por esta misma razón, el recobrar este legado puede ayudarnos a todos a ser humanos más íntegros.

ભ ૭

Capítulo 1
Se inicia un proceso de liberación

Raíces de la "predicación femenina" inglesa

menudo, la vida de las mujeres ofrece los más fieles modelos de discipulado cristiano. Desde el mismo día de la resurrección, las mujeres han proclamado las buenas nuevas que descubrieron en Cristo. Así, las mujeres predicadoras del metodismo primitivo no representan, en absoluto, algo nuevo en la vida de la comunidad cristiana. Por el contrario, ellas fueron una manifestación singular de un tema repetido. Las mujeres han sobresalido en cada era de avivamiento en la historia de la iglesia, han marchado sobre las crestas de las olas de la renovación y han afirmado temerariamente el mensaje liberador de la igualdad en Cristo.

En el mismo inicio del siglo XVIII, las mujeres alcanzaron posiciones prominentes en la naciente iglesia de las islas británicas. Santa Hilda, abadesa de Whitby, conocida cariñosamente como "Madre", fundó en 659 una comunidad monástica para hombres y mujeres que proveyó un importante liderazgo en un período muy crítico de la vida de la iglesia. Casi al final de la Edad Media, las mujeres se hicieron sentir por su celosa predicación a lo largo y ancho del país. En el siglo XVI, la renovación dentro de la iglesia colocó nuevamente a las mujeres en el foco de atención. Inclusive Lutero, el gran reformador alemán, admitió que bajo ciertas circunstancias excepcionales sería necesario que las mujeres predicaran.

Cuando la reforma llegó a la iglesia de Inglaterra, algunas mujeres excepcionales fueron valientes proclamadoras del evangelio. La oposición fue tan implacable, que aun la más mínima defensa de los principios de su causa era arriesgada. Por ejemplo, cuando en 1538 Juan Lambert abogó por algunas innovaciones, fue rápidamente sentenciado a la hoguera en el poste. Así que, a pesar de numerosas excepciones, la regla general de la iglesia permaneció inalterable y se aplicó inflexiblemente: "La parte de la mujer es contener su lengua, para aprender en silencio".

No fue sino hasta el tempestuoso siglo XVII cuando realmente se aceptó la práctica de la predicación femenina. Cuando el puritanismo inglés surgió, se desencadenó la explosión. Tanto el movimiento puritano, como la tradición reformadora que lo precedió y el avivamiento evangélico que lo siguió, realzaron el espíritu de la cristiandad primitiva, la sencillez de la adoración y la santidad del individuo ante Dios. Algunas de las más radicales expresiones de algunos grupos, tales como los anabautistas, los brownistas, los familistas, los igualitarios y los cuáqueros, impulsaron las nociones de igualdad espiritual, libertad de pensamiento y derecho de conciencia hasta sus lógicas conclusiones.

Una de las prácticas comunes durante este período, conocida como "profetizar", que probablemente se originó en la fortaleza puritana de Northampton, incluía exposición bíblica, testimonio de la experiencia cristiana y exhortación a la fidelidad, a todo lo cual generalmente seguía la predicación normal. Juan Robinson, pastor de los Peregrinos, defendió esta práctica en 1625. Para demostrar la igualdad de los llamados a este oficio, él escribió:

> *Dentro de la fraternidad y en este trabajo se admiten no solamente los ministros, sino también los maestros, los ancianos y los diáconos. Sí, y aun las multitudes (ex ipsa plebe), que están ansiosas por compartir la dádiva que han recibido de Dios, para la utilidad de toda la iglesia.*[1]

No había sino un pequeño paso de distancia entre "cualquier persona" que ejercitara el don de profecía en un servicio de adoración y esa misma persona que subiera al púlpito para predicar en el más formal sentido. Y si a los hombres no ordenados se les permitía predicar, lógicamente el próximo paso sería permitir que las mujeres profetizaran y también predicaran. Algunas mujeres dieron ese paso sin ninguna vacilación.

Cuando Arturo Lake, obispo de Bath y Wells, descubrió a una de las "predicadoras" en su propia diócesis, desencadenó la furia de su venenosa ira sobre su errante rebaño:

> *Ciertamente ustedes se han mostrado indignos de ser hombres y tan débiles como para ser estudiantes de una mujer. No podría decir cuánto se parece vuestro ánimo al desordenado apetito de las muchachas que padecen la enfermedad-verde (sus padres les proveen comida saludable, y ellas se van a la esquina para comer tiza, carbones y cosas similares a desperdicios). Así ustedes, que*

*en la iglesia pueden tener profundas y juiciosas enseñanzas
para el consuelo de su alma, se alimentan en conventillos
de meditaciones sin preparación e indigestas, frutos de
profetas usurpadores e ignorantes.*[2]

A mediados de siglo, las mujeres predicadoras se
encontraban casi en cualquier parte del país, tanto
en ciudades como en pequeños poblados. La señora
Attaway, famosa por sus hazañas en Londres, predicó
cada semana en la Iglesia Bautista General en Bell Alley.
No era extraño para ella atraer a varios centenares
de seguidores que permanecían atentos a cada una
de sus palabras. El pensar en tales congregaciones
espontáneas, reunidas alrededor de tal mujer, enfurecía
a Juan Vickers. Este arremetió contra ella en un panfleto
típico en aquella época:

... *descaradas, temerarias amas de casa, sin ninguna
modestia propia de las mujeres ... se atreven (en la natural
volubilidad de su lengua y basadas en precipitados juicios
o memorias injuriosas solamente) a charlar (no predicar o
profetizar) ... y toman la posición más claramente contraria
a las inhibiciones de los apóstoles.*[3]

En contraste con esta respuesta generalizada, algunas
voces se alzaban en defensa de la predicación de las
mujeres y en favor de darles un lugar en la iglesia en
general. Samuel Torshell, por ejemplo, mantenía que en
el estado de gracia no había diferencia entre hombres
y mujeres. En un tratado de 1645, *La Gloria de la mujer,*
él defendió un radicalmente igualitario punto de vista
de la verdadera comunidad cristiana. Asimismo, Juan
Rogers escribió enérgicamente acerca de los derechos
de las mujeres en la iglesia, y animó a sus colegas
femeninas en su trabajo pionero:

... sujeten fuertemente su libertad; mantengan el fundamento que Cristo ha conseguido y ganado para ustedes, mantengan sus derechos, defiendan sus libertades como defienden la vida; y no las pierdan, sino manténganlas con toda valentía.[4]

La Sociedad de Amigos, o cuáqueros, pareció experimentar el mayor de los progresos hacia la igualdad entre hombres y mujeres dentro de la vida de su comunidad. Jorge Fox (fundador de la Sociedad) decía que ninguno podía ser descalificado por hablar como el Espíritu le indicaba o por su declaración, puesto que todos los cristianos poseen la luz de Cristo en su interior y el Espíritu Santo los ilumina. Elizabeth Hooten, una de las bautistas ya mencionadas, llegó a ser la "primera publicadora de la verdad" en 1648; estuvo en prisión cuatro veces en Inglaterra y soportó la humillación del bárbaro castigo llamado "carretón y látigo", en 1661, cuando proclamó su fe en Boston.

Margarita Fell, su compañera de trabajo y más tarde esposa del padre fundador, escribió una de las más persuasivas defensas de las mujeres predicadoras en un pequeño tratado titulado "Justificada la predicación de las mujeres" (1666). Este clásico tratado que muchos describen como "el manifiesto pionero de la liberación de la mujer", no solamente defiende los derechos de la mujer para hablar como instrumento de Dios, sino que aboga por su participación en todos los aspectos de la vida religiosa. No hay duda de que esta "madre del movimiento cuáquero" hizo más que cualquier otro individuo por guiar y formar la vida de muchas mujeres inquietas de su día y del porvenir.

Mientras dentro de la Sociedad de Amigos el ministerio de las mujeres se desarrollaba hasta un grado sin precedentes, Fox y sus seguidores fueron sencillamente irrigando un canal que ya estaba hecho. Las mujeres, al menos por un corto lapso, se dieron cuenta de que podían asociarse de igual a igual con los hombres. El fenómeno de la predicación de las mujeres en el avivamiento wesleyano de los siglos siguientes mostró características extraordinariamente similares. En el avivamiento evangélico dirigido por los hermanos Wesley, las aguas de reforma y renovación volvieron a correr por el canal cada vez más amplio de la igualdad humana, y las mujeres ocuparon las posiciones de vanguardia.

Trasfondo del siglo XVIII

Los primeros años del siglo XVIII a menudo se llaman la era de los conservadores. Retrospectivamente, el siglo anterior debe haber parecido un mundo extraño, violento y fanático. Después de sobrevivir los tremendos trastornos sociales del período de la guerra civil, Inglaterra parecía que entraba en una nueva era de seguridad.

Sin embargo, al mismo tiempo, la vida en Bretaña y alrededor de Europa se encontraba en un estado de transición. Ningún aspecto de la vida inglesa quedaría intacto ante los acontecimientos del momento, que estremecieron a toda la cultura occidental en el inicio de la "era moderna". Herbert Butterfield captó el espíritu de los tiempos:

> *Una de las claras impresiones que la historia del siglo XVIII dejó en Inglaterra es la de una corriente amplificadora y un momento unificador. Es como si una ola, que se movía*

lentamente al principio -apenas peinaba la superficie del agua- recogiera del propio mar un poder creciente, y finalmente alcanzara una masa atronadora.[5]

Uno de los más vitales aspectos de esta sociedad en transición fue la creciente importancia que se depositó sobre la posición de la mujer. Sin duda, muchas fuerzas trabajaron para mantener a la mujer "en su lugar". Publicaciones tales como "Un discurso de mujeres, muestra sus imperfecciones alfabéticas" (traducido del francés en la época del cambio de siglo), intentó perpetuar las actitudes deshumanizantes del pasado. Pero las críticas de estos ideales tradicionales y de estas caricaturas de la mujerilidad resultaron atractivas para numerosos oyentes. Nadie pudo silenciar a los comprometidos con la reforma feminista, desde Daniel Defoe hasta Lady Montagu.

Muchas mujeres fundaron su esperanza de liberación en la educación. En su escrito "Serias propuestas a las damas", María Astell, considerada por muchos como la primera feminista inglesa, describió nuevos horizontes que se abrían para las mujeres por medio de la educación. Cuando María Wollstonecraft, en su famosa "Vindicación de los derechos de las mujeres", planteó el tema del involucramiento político de las mujeres, desató un debate que conmovió toda la tierra. Las revoluciones social, política e industrial de finales del siglo XVIII reflejan la creciente turbulencia de una edad en vías de transformación.

Otro poderoso agente de cambio en Inglaterra fue el avivamiento religioso, conocido generalmente como "evangelicalismo". Esta chispa de renovación encendió una llama que se esparció velozmente por todas las áridas y desanimadas iglesias de la tierra. La iglesia, que había sufrido mucho por los disturbios del siglo XVII, estaba en decadencia. En respuesta al fanatismo religioso del siglo anterior, que había partido a la nación en dos, los líderes eclesiásticos denunciaron todas las formas de "entusiasmo" religioso. Dryden captó el difundido temor a la anarquía civil arraigado en el fervor religioso y lo plasmó en sus líneas:

Triunfa una numerosa hueste de santos soñadores; Se reproduce el verdadero viejo entusiasmo: Ellos emplean su poder contra la forma y el orden Nada se construye y todo se destruye.

El avivamiento wesleyano estremeció a la nación y la sacó de la parálisis religiosa creada por el miedo. Sin embargo, una de las consecuencias del estado de cosas anterior al avivamiento, fue la virtual desaparición de las mujeres predicadoras. Inclusive dentro de la Sociedad de Amigos había habido una marcada disminución de la actividad de las mujeres en todos los campos. May Drummond fue, tal vez, la gran excepción a la escasez de mujeres predicadoras en los inicios de 1700. Millares de personas se congregaban para escuchar a esta fluida oradora. Ella era, claro está, una luz brillante en medio de un oscuro y desanimador amanecer, y aun poetas cantaron su oración:

No más, oh España, tu Santa Teresa exaltes; aquí hay una que la eclipsa en la costa británica, cuya alma tanto como sus puntos de vista sólo el Todopoderoso acaba, y hacia ese centro todas sus acciones tienden, porque ciertamente por demasiado tiempo nuestro sexo ha sido rechazado, y ridiculizado por el maligno orgullo de los hombres.[6]

Esporádicamente emergieron algunas figuras inde-finidas que a menudo produjeron más daño que beneficio a la causa de las mujeres.

Con el correr del siglo, se desarrollaron varios grupos espiritualistas exóticos que se hacían sentir, aunque eran pequeños. La experiencia de las "profetisas" en estos grupos - visionarias carismáticas y mediums espirituales - aturdió y con frecuencia atemorizó a sus contemporáneos. Aunque esos cultos místericos rara vez se identificaron con la comunidad cristiana, sí contribuyeron grandemente a crear en muchos un prejuicio contra el ministerio público de las mujeres.

En 1706, por ejemplo, un numeroso grupo de inmigrantes franceses que escapaban de la persecución llegó a Inglaterra. "Profetisas francesas" como Betty Gray y "la señora pastel de budín" provocaron la furia del populacho en Londres por sus violentas oraciones hechas al desnudo y su conducta inmoral.

Visionarias forzadas similares se manifestaron dentro de la comunidad cristiana, en grupos como los filadelfianos, los tembladores y los milenarianos, que habían sido fundados por mujeres. Dirigidos por la señora Leade, "madre Jane" Wardley, Ana Lee y Joana Southcott, estos grupos pronto se convirtieron en una vergüenza para la Sociedad de Amigos, aunque no habían salido de ella. Ni siquiera los cuáqueros, conocidos generalmente por su espíritu de tolerancia, estuvieron dispuestos a tolerar tales excesos.

Wesley y las mujeres

Nada podría haber estado más alejado de este mundo de profetisas exóticas que el restringido, ordenado y metódico mundo de la rectoría de Epworth. Y, aun ahí, en el disciplinado ambiente de ese hogar, Juan Wesley recibió sus primeras lecciones sobre la igualdad humana. ¿Su primera maestra y ejemplo? Susana, su madre.

Es difícil exagerar la influencia que Susana Wesley ejerció sobre sus hijos y, consecuentemente, sobre el avivamiento que ellos ayudaron a crear. Hija del movimiento puritano, su padre la educó en la sólida piedad que lo había llevado a él a la prominencia como el "San Pablo de la disconformidad". Ella abrevó intensamente en las fuentes del puritanismo inglés y trasladó a su propio hogar el espíritu revolucionario característico de ese movimiento. En su sencillo estilo de vida, su devoción por las disciplinas espirituales y su sensibilidad por los asuntos teológicos de su tiempo, ella no tuvo iguales.

Sin embargo, fue su papel como "pastor" lo que influyó directamente en este estudio, porque Susana fue la principal precursora de las mujeres predicadoras en el metodismo primitivo. Cuando ella murió, Wesley destacó que "precisamente ella (tanto como su padre y su abuelo, su esposo y sus tres hijos) había sido, en su medida y grado, una predicadora de la justicia".[7] Ella fue en realidad la sacerdotisa de su familia, pero también la ministra de la parroquia de Epworth. Sus actividades no sólo conformaron el entendimiento de Wesley en cuanto a la fe cristiana, sino que reforzaron sus puntos de vista acerca del justo lugar de la mujer en la vida de la iglesia.

Susana siguió los pasos de muchas mujeres predicadoras del siglo anterior. En la vida cristiana, ella valoró, sobre todo, la santidad de la conciencia interior y la actividad actual del Espíritu Santo. Mantuvo ciertos énfasis de su herencia puritana, a pesar de que se convirtió a la Iglesia de Inglaterra, cuando todavía era una adolescente. En 1702, proclamó con valentía su manifiesto protestante, en una carta a un amigo:

> *Para mí no valen la reputación, los amigos, o cualquier otra cosa en comparación con la sencilla satisfacción de mantener una conciencia libre de ofensas hacia Dios y el hombre.*[8]

Cuando Samuel Wesley, su esposo y rector de la iglesia en Epworth, tuvo que comparecer ante el Parlamento en Londres, los meses de invierno de 1710-1712, Susana se hizo cargo de la educación y el cuidado espiritual. "No puedo hacer otra cosa sino velar por cada alma que tú dejaste bajo mi cuidado", le informó a Samuel en 1712, "como un talento que me ha confiado el Gran Señor de todas las familias".[9]

Poco después, la demanda de su conciencia la llevó a un sorprendente descubrimiento:

> *Al fin se me vino a la mente que, aunque no soy un hombre, ni un ministro del evangelio, ni tampoco puedo ser aceptada en empleos valiosos como ellos lo son, ... yo debería hacer algo más que lo que estoy haciendo ... Yo debería orar más por el pueblo, y hablar con más calidez a aquellos con quienes tengo la oportunidad de conversar. Sin embargo, resolví comenzar con mis propios hijos.*[10]

Las oraciones vespertinas en las que ella dirigía a su familia, se tornaron muy pronto en servicios religiosos. Cuando la gente del pueblo se congregó en la rectoría para participar en los ejercicios devocionales que ella presidía, decidió transformarlos en servicios de "adoración pública", sin importarle las posibles repercusiones. Un cura inepto a quien Samuel había dejado encargado criticó a Susana por usurpar la autoridad de su esposo. El quemó una carta dirigida a Samuel en Londres. Y cuando el rector le exigió a su esposa que diera cuenta de sus acciones, Susana respondió rápida y claramente.

Ella observó que mientras los servicios de la curia atraían a no más de veinte o veinticinco personas, sus reuniones podían jactarse de atraer entre doscientas y trescientas. Por otra parte, sus trabajos produjeron frutos muy específicos. La relación entre la gente del pueblo mejoró en todo sentido. El pueblo se conmovió por la fe y deseaban conocer más acerca de Dios. Ella concordó con Samuel en cuanto a lo impropio de que una mujer tomara la dirección en tales asuntos, pero creía que la vida de la iglesia pendía en la balanza y ningún otro tipo de acción resultaba accesible para ella.

La fuerza de sus convicciones y la justificación de su vocación pastoral la llevaron adelante, y en términos muy claros dirigió una palabra final al rector:

> *Si después de todo, tú crees adecuado disolver esta asamblea, no me digas que esperas que yo lo haga, porque eso no rimaría con mi conciencia: Pero envíame tu positivo mandato, en términos tan claros y expresos que me puedan hacer sentir absuelta de toda culpa y castigo por rechazar esta oportunidad de hacer el bien, cuando tú y yo comparezcamos ante el grande y terrible tribunal de nuestro Señor Jesucristo.*[11]

Sabiamente, Samuel se retractó. El admirablemente exitoso ministerio de su esposa continuó y renovó la vida religiosa de aquella inicial "sociedad" dentro de la iglesia.

Un nexo especial había existido siempre entre Juan y su animosa madre. El muy conocido incendio de la rectoría en 1709 y el milagroso escape de "la pequeña Jackie" reforzaron esa singular relación. El que Susana formara una "sociedad religiosa" en su propio hogar y sus actividades pastorales dentro de la comunidad deben haber ejercido una profunda influencia sobre su impresionable hijo. Ella plantó las semillas que más tarde germinaron en las Sociedades Metodistas de Wesley y su lenta pero consiguiente aceptación de las mujeres predicadoras. Susana le transmitió a su hijo un legado de fe, en el que una convicción permaneció como la primera: a nadie, ni aun a una mujer, se le debe prohibir que realice el trabajo de Dios en obediencia al llamamiento interno de su conciencia. Wesley nunca lo olvidó.

Era inevitable que la "femineidad de su ambiente inicial", como V.H.H. Green lo ha llamado, tuviera consecuencias indelebles en la vida de Wesley.[12] Un muy perceptivo contemporáneo observó la forma tan particular en que Wesley era seducido por las mujeres:

> *Es cierto que el señor Wesley tenía predilección por el carácter femenino; en parte porque siempre mantuvo una mente dispuesta a la cordialidad y, en parte, porque generalmente encontraba en las mujeres una rápida y total receptividad a sus ideas sobre la piedad interior y la devoción amorosa.[13]*

Es una lástima que la mención de Juan Wesley y las mujeres muy a menudo evoque imágenes de una sucesión de relaciones abortadas: un romance malogrado en Georgia, un trágico compromiso con Graciela Murray y un desastroso matrimonio con una viuda sicótica. Por el contrario, las relaciones de Wesley con mujeres fueron intensas y gratificadoras.

Una vez que Wesley rompió los lazos con su hogar paterno, las mujeres siguieron figurando prominentemente en su vida. Sally Kirkham, su "amiga religiosa" de los días en Oxford, fue para él una consejera y guía espiritual. Ella lo condujo a importantes recursos devocionales que conformaron el curso de su vida. Como misionero en Georgia, Wesley estimuló el empleo de las mujeres en la vida de la iglesia. En un intento por recapturar el espíritu de la iglesia primitiva, nombró "diaconisas" para enseñar, visitar a los enfermos y ministrar en las necesidades espirituales de su pesada parroquia.[14]

El encuentro de Wesley con los moravos, un devoto grupo de luteranos pietistas provenientes de Alemania, confirmó sus esfuerzos personales. Las mujeres moravas dirigentes se dividían en varios órdenes como enfermeras, viudas, diaconisas y ancianas. La "anciana principal" supervisaba el trabajo de las mujeres y, a menudo, ocupaba una posición de gran autoridad e influencia. Wesley aprendió mucho más acerca de las funciones de estas mujeres durante un peregrinaje al centro de mayor influencia morava, en Herrnhut, Alemania.

En 1738-39, cuando Wesley comenzó a organizar "las sociedades unidas" dentro de la Iglesia de Inglaterra, para la renovación de la "primitiva cristiandad", las mujeres fueron esenciales para la vida de estos pequeños grupos. Cuando Elizabeth Fox, una dirigente de la sociedad de Oxford, estaba guiando un movimiento, Wesley le escribió una apasionada carta para disuadirla de su decisión de retirarse. En una nota adicional al esposo de Elizabeth, Wesley escribió:

> *La razón en contra de su salida de aquí es tan evidente como grave: No tenemos a nadie aquí del mismo parecer*

*... ni podría el enemigo inventar tan prometedores medios
de destruir el trabajo que apenas comienza entre ellos que
separarles la cabeza.*[15]

El gran valor que Wesley le asignó al involucramiento
total de las mujeres en la vida del avivamiento
metodista inicial puede verse también en ciertos logros
en Londres. Algunos de los seguidores de Wesley
estuvieron tentados a excluir a las mujeres de numerosas
actividades de la sociedad. Sus acciones enojaron
sobremanera al fundador, pues la injusticia golpeaba en
la misma raíz de la fe. "Yo desapruebo radicalmente",
les informó Wesley a los hombres, "que se excluya a las
mujeres cuando nos reunimos para orar, cantar y leer las
Escrituras".16 Estos actos, que fueron fundamentales
en la vida de la comunidad cristiana e instrumentos de
la gracia para todos los hijos de Dios, permanecerían
para siempre en las sociedades de Wesley.

Numerosos factores contribuyeron a que desde el
principio Wesley apreciara los dones de las mujeres
y los utilizara en la vida de la iglesia. Entre estos
sobresalieron la influencia de su madre, el legado de la
herencia puritana, su redescubrimiento de las prácticas
de la iglesia primitiva y su amistad con los moravos.
Todos contribuyeron a que se abriera un mayor espacio
para que participaran las mujeres de las sociedades
metodistas, formadas bajo la dirección de Wesley. El
espíritu de los Wesley conjugaba la liberación espiritual
y la liberación social. El avivamiento wesleyano dentro
de la Iglesia de Inglaterra era un movimiento que
rompía las barreras.

En las páginas siguientes, trazaremos la expansión de
la dirigencia de las mujeres en el primitivo metodismo,

hasta la eventual aceptación de ellas como predicadoras dentro del movimiento. Fue un proceso doloroso y la aceptación avanzó lenta pero inevitablemente. La historia de las mujeres predicadoras es emocionante y un rico legado; y, al narrarla, historia, teología y personalidad se funden para formar un tapete lleno de color, un testamento a la verdad de Cristo. Esto se debe principalmente a que el final de la historia no es feliz y a que la historia debe repetirse una y otra vez. El Espíritu que nos guía a toda verdad puede enseñarnos desde nuestro pasado.

Capítulo dos
En el frente del avivamiento

¿Una secta exclusivamente femenina?

uan Wesley nunca intentó fundar una nueva denominación. Él y otros clérigos de similares ideas formaron pequeños grupos dentro de la Iglesia de Inglaterra para descubrir una fe viva que se arraigara en el amor. Estas "sociedades religiosas" sirvieron como catalizadores para la renovación, como levadura dentro del pan y proveyeron una atmósfera que apoyó a los nuevos discípulos para que exploraran su llamamiento como cristianos. Dentro de estos grupos, el metodismo primitivo desarrolló una vida de fe que actuaba por amor. La meta de su peregrinaje juntos era el premio de su supremo llamamiento - llegar a ser conforme a Cristo.

El corazón que impulsaba todo el movimiento era la experiencia religiosa personal y su poder para transformar al individuo y a la sociedad. Wesley estaba listo para adoptar y adaptar cualquier idea que impulsara esta causa. Su principal propósito era ayudar a la iglesia para que proclamara el evangelio con mayor eficiencia. El espíritu del movimiento y la visión de su fundador contribuyeron a que la dirigencia femenina fuera aceptada y estimulada. Las mujeres iniciaron y mantuvieron el avivamiento. A las mujeres, igual que a los hombres, se les permitió expresarse libremente. Ellas ejercitaron sus dones como dirigentes. Los pequeños grupos de la Sociedad Metodista, conocidos como bandos y clases, llegaron a ser los grupos de entrenamiento de las primeras mujeres predicadoras.

Por todos estos intentos y propósitos, las sociedades metodistas fueron organizaciones de mujeres. Algunos críticos alegan que fueron sectas exclusivamente femeninas. La misma crítica se había levantado contra los cuáqueros varias generaciones antes y la oposición fue igualmente severa. Un clérigo colega acusó a Wesley de mantener a las mujeres de Bristol tan ocupadas con el trabajo religioso, que ellas descuidaban a su familia. William Fleetwood calificó a los metodistas, o "perfeccionistas", como él los llamaba, como un grupo de "mujeres tontas". James Lackington fue más específico al describirlos como "desagradables y desilusionadas sirvientas viejas, con algunos otros de una disposición menos mojigata".[1] Tales ataques fueron infundados, pero la respuesta de las mujeres al liberador mensaje de Wesley fue indudablemente clara.

La preponderancia de las mujeres en el metodismo se puede ilustrar a la luz del Diario de Wesley. En el principio del avivamiento, apenas dos días después de la primera vez que predicó en los campos, Wesley describió así la formación de una sociedad en Bristol:

En la tarde, tres mujeres acordaron reunirse semanalmente, con las mismas intenciones de las que se reunían en

Londres: *"confesarse sus faltas y orar una por la otra, de manera que pudieran ser sanadas."²*

Pocos días después se formó un segundo grupo exclusivamente femenino de nuevas discípulas y unánimemente se decidió que Esther Deschamp podía dirigirlo.

El sábado 11 de noviembre de 1739, Wesley predicó su primer sermón en las ruinas de una vieja fundición de Londres que se había usado para producir cañones y que más tarde sería la sede de la cruzada espiritual de Wesley. Cuando las disputas dividieron la sociedad religiosa en Fetter Lane, Wesley informó sobre las principales consecuencias:

> *Nuestra pequeña compañía se reunió en La Fundición, en vez de hacerlo en Fetter Lane. Alrededor de cuarenta y siete o cuarenta y ocho de las cincuenta mujeres que estaban en un grupo decidieron unirse a nosotros y a los veinticinco hermanos afines que Dios ya nos había dado.³*

Poco más de dos años después, en abril de 1742, Wesley configuró la primera lista de los sesenta y seis dirigentes de la Sociedad de la Fundición. En este pequeño grupo, las mujeres sobrepasaban a los hombres en una relación de cuarenta y siete a diecinueve. La siguiente lista de miembros selectos de la sociedad, en febrero de 1744, mostró una relación similar, de cincuenta y dos mujeres contra veinticinco hombres. El ejemplo de la Sociedad de la Fundición con su taza de 2:1 en la relación entre hombres y mujeres es característico del metodismo primitivo como un todo. Aunque las sociedades exclusivamente femeninas fueron raras, no cabe duda de que las mujeres ejercieron una poderosa influencia durante estos años de formación. Dondequiera que el metodismo se plantó y floreció, las mujeres sembraron la semilla y recogieron la cosecha.

Nuestras raíces se remontan hasta "ella"

Aún de mayor significado que la preponderancia de las mujeres en la membresía de las sociedades, es el hecho de que las mujeres sobresalieron como pioneras en el establecimiento y expansión del metodismo. En gran medida fue por las actividades de las mujeres que la red de sociedades bajo la dirección de Wesley se expandió por el mundo. Las mujeres invitaron y fueron anfitrionas del creciente círculo de predicadores ambulantes. Por su propia iniciativa, fundaron grupos de oración y sociedades. Sus persistentes trabajos afectaron profundamente las actitudes generales de Wesley y sus seguidores en cuanto al lugar de las mujeres dentro del movimiento.

Cuando Wesley visitó el vecindario de Halifax, en el verano de 1742, la señora Holmes de la Casa Smith, Lightcliffe, lo invitó a predicar en su hogar. Posteriormente, la Casa Smith se convirtió en un vibrante centro de renovación espiritual. Más o menos por el mismo tiempo, Wesley aceptó la invitación de una viuda pobre de Chinley, y en el hogar de ella estableció un lugar de descanso para los predicadores ambulantes que comenzaron a predicar regularmente ahí. Mary Allison fue la primera que abrió su casa a los predicadores metodistas en Teesdale. Denny, la tía de Mary, introdujo el metodismo en Maldon. La señora Hosmer logró una habitación para que predicaran en Darlington. En Normanton la predicación se restableció sólo por la persistencia de una mujer desconocida.

Juan Nelson, el famoso albañil predicador del norte, describió los acontecimientos que llevaron al nacimiento del metodismo en Leeds: "Ahora la gente de todas las comarcas se reúne los sábados en Birstal, pero todavía tres vienen de Leeds. Mary Shent y otras dos mujeres".[4] Convertidas con el primer sermón que escucharon, estas "tres Marías", incluyendo María Weddale y María Maude, formaron el núcleo del primer grupo establecido en ese estratégico centro industrial. Y lo mismo ocurrió en Irlanda, en Gales y en todos los condados de Inglaterra.

Algunas mujeres tomaron la iniciativa y formaron sociedades en sus propias comunidades. Algunos años antes de que Wesley visitara por primera vez Macclesfield, María Aldersley facilitó su casa para celebrar servicios religiosos y acostumbraba reunirse con amigos para orar, leer las Escrituras y tener conversaciones religiosas. En 1746, Elizabeth Blow cruzó el Río Humbert, desde Grimsby, en Hull, donde ella había sido una de las primeras miembras y pioneras del metodismo. La señora Marta Thompson, una adinerada viuda de Rutherfforth, no solamente abrió su casa para los predicadores, sino que usó sus influencias para que fueran admitidos en la Catedral de la ciudad de York.

A otra Marta Thompson, de trasfondo y circunstancias totalmente diferentes de su tocaya, se le atribuye la fundación del metodismo en Preston. Con la ayuda de Sara Crosby, que muy pronto sería la primera mujer predicadora del metodismo, la señora Dobinson de Derby se convirtió en la principal organizadora de una sociedad en esa localidad. A pesar de la tremenda oposición y el frecuente desánimo, estas mujeres insistieron en lograr sus propósitos. En este trabajo pionero, una joven sirvienta, una trabajadora textil o una ama de casa no eran menos aceptadas que una mujer de posición e influencia social.

Una importante contribución de las mujeres pudientes, sin embargo, fue la construcción de capillas metodistas. En Macclesfield, Elizabeth Clulow aseguró una pequeña casa de predicación para la sociedad de infantes y, muy pronto, cuando esta capilla resultó insuficiente, ella supervisó la construcción de un local más grande. Henrietta Gayer, esposa del dependiente de la Casa de los Lords, ante el Parlamento Irlandés, se convirtió en 1772. Los seguidores metodistas en Lisburn rápidamente superaron la capacidad del "Dormitorio del Profeta", una habitación al lado de su casa, dispuesta para la predicación. Ella construyó la primera capilla en esa ciudad y, en 1774, planeó la construcción de otra en Donaghadee. Durante su viudez dedicó al trabajo cristiano la totalidad de la herencia que su esposo le dejó.

La primera metodista en Sevenoaks fue la señora Amy George. Esta había conversado con Shoreham, a fin de que invitara a Wesley para que predicara en su casa, porque él había dedicado la Capilla que en 1774 ella había construido detrás de su negocio. Él estaba impresionado con la gran sala que una señorita Harvey había levantado en su pueblo natal de Hinxworth, en Hertfordshire. Además de este prominente centro, con sus propios recursos ella construyó varias capillas más en Baldock, Stevenage y Biggleswade. Dejó un legado de tres mil libras para sostener el ministerio de estas capillas cuando ella muriera. Wesley mantuvo a estas pioneras y modelos en alta estima y valoró su confianza.

El trabajo pionero de Dorothy Fisher ilustra la forma en que las mujeres permanecieron en el frente del avivamiento. La influencia de ella se sintió en todos los grupos de la sociedad que fundó. Convertida por la predicación de Wesley en Londres, se unió a la sociedad de esa ciudad en 1779. Alrededor de 1784 se mudó a Great Gonerby en Lincolnshire, abrió su casa a la predicación y en 1786 compró un pequeño edificio de piedra para usarlo como capilla. Un pequeño grupo de metodistas de Sturton se enteró de la piedad de Dorothy y observaron su trabajo con profunda emoción. Por medio de ella encontraron la esperanza de un despertar religioso en Lincoln.

El motor principal para esta aventura misionera, Sara Parrot, nativa de Bracebridge, caminó veintisiete millas hasta el hogar de la señora Fisher. Proclamó fervientemente que Dios había traído a Dorothy a su área para que estableciera el metodismo en Lincoln. Al sentir que debía ser un llamamiento de Dios, Dorothy aceptó mudarse a Lincoln, donde compró un gran local para la predicación e invitó a los predicadores ambulantes para que consideraran el lugar como base de sus actividades. Enterado de los logros obtenidos, Wesley expresó sus esperanzadas expectativas en una carta a su predicador, Lancelot Harrison:

> *Estoy feliz de que la hermana Fisher se haya establecido en Lincoln y de que tú hayas comenzado a predicar ahí otra vez. Hasta aquí éste ha sido un terreno malagradecido ante la labor del agricultor; pero posiblemente ahora llevará fruto.*[5]

Dorothy formó una pequeña sociedad en un antiguo aserradero cerca del puente de Gowt. Como era de suponer, estaba formada por cuatro mujeres. Y esta recién plantada sociedad comenzó a dar fruto. Dorothy construyó una capilla en una residencia contigua, toda la cual fue cedida a la Conferencia Metodista. Así se estableció el metodismo en la catedral de la ciudad, como se había plantado en muchos otros lugares a lo largo de las Islas Británicas.

El fiel servicio de mujeres como Dorothy Fisher a menudo les dio a ellas igualdad de trabajo ante sus contrapartes masculinas. Pero otras acciones también enlazaron a las mujeres con el corazón de sus colegas hombres. Las mujeres no solamente sirvieron, sino dieron testimonio real de su fe. Particularmente en los primeros años del avivamiento, tuvieron que aprender, con Wesley, cómo enfrentar a una turba furiosa; quizás no hubo otra forma más eficaz de ganarse el respeto de los hombres.

Después de los motines de Wednesbury, en 1743, Wesley le preguntó a Joan Parks si estaba aterrorizada cuando la turba la tomó prisionera:

> Ella respondió: "No; no más que ahora. Yo confiaba en que Dios haría tanto por tí como por mí". ...Yo le pregunté si era cierto que ella había peleado por mí. Ella dijo: "No; yo sabía que Dios pelearía por sus hijos".[6]

Cuando la turba atacó a Juan Healy porque comenzó a predicar en el poblado irlandés de Athlone, una mujer metodista desconocida juró que nadie podría herir a ese hombre de Dios. Sin importarle los continuos latigazos, que más adelante le producirían la muerte, ella se mantuvo en guardia ante el evangelista, hasta que finalmente llegó ayuda. Hannah Davenport fue más agresiva al enfrentarse a la violencia. Cuando una turba intentó forzar la entrada a su casa, donde ella estaba protegiendo a Tomás Hanby, tomó un hacha, se colocó en la puerta y gritó que despedazaría a la primera persona que se atreviera a acercarse. Su método pudo haber sido tosco y peligroso y algunos condenarían sus acciones como poco cristianas, pero no cabe duda de que aquel día ella se sintió atraída por el reverendo Hanby.

Cautela entre los ministros

A pesar de la fuerte influencia de las mujeres en este período inicial del avivamiento, tanto mediante el testimonio como con el servicio, a las mujeres no se les permitió predicar en las sociedades metodistas. El prioritario interés de Wesley por el evangelismo para que el movimiento reformador prosperara dentro de la iglesia y su amistad con los anglicanos fueron aspectos esenciales en su carácter y autocomprensión. A pesar de su pujante interés por la renovación, era muy difícil para Wesley romper con las prácticas y prohibiciones de la iglesia a la que él amaba. Su método fue siempre trabajar desde dentro, tanto como fuera posible. Aunque muchos de sus descubrimientos fueron renovando la vida de la iglesia, él se movía con cautela dentro de las áreas que otros podían considerar demasiado innovadoras.

Además del conservadurismo inicial de Wesley, otro de los cargos que se levantaron contra los metodistas durante la primera década de su existencia fue que aceptaron a las mujeres predicadoras. El reverendo William Bowman, uno de los más eufóricos oponentes de Wesley, condenó a los "entusiastas" por esta

innovación, en un panfleto titulado El engaño del
metodismo puesto en evidencia:

> *Una tercera característica del engaño propagado por estos*
> *enloquecidos dovocionalistas es su enseñanza de que es*
> *legal y conveniente para meros laicos, para mujeres y*
> *para los más viles e ignorantes mecánicos, ministrar en la*
> *iglesia de Cristo, predicar y exponer la Palabra de Dios, y*
> *ofrecer las oraciones por la congregación en las asambleas*
> *públicas.*[7]

Otros opositores criticaron a Wesley por permitir que
algunos de sus seguidores en Londres se asociaran
con las profetisas francesas radicales. Irónicamente, el
fanatismo de estas mujeres asombró a los Wesley tanto
como a sus críticos. Carlos se hizo merecedor de una
repulsa por un encuentro con una de estas visionarias
que "levantó su voz como una mujer que estuviera
sobre la plataforma, y clamó vehementemente ¡Busca
la perfección; es decir, la perfección absoluta!" y luego
terminó con una horrible carcajada diabólica.[8]

Juan sencillamente aconsejó a las mujeres y las amonestó
a que "trataran de probar los espíritus, para discernir si
eran de Dios". Tanto Juan como Carlos, sin embargo,
temían al poder destructivo de la culpa por asociación.
En 1743, Carlos descalificó y prohibió el "discurso" de
una mujer en las reuniones metodistas en Evesham:

> *La sociedad camina cuando se apropia del evangelio. Yo*
> *sólo repruebo a una persona y no puedo soportarla ni un*
> *momento más, no importa sus grandes dones: aquella que*
> *habla en la iglesia usurpando la autoridad de los hombres.*[9]

Juan refleja la misma actitud conservadora en algunos
de sus escritos durante este período. Frecuentemente

discute algunos de los asuntos controversiales alrededor de la renovación. Corrige las impresiones equivocadas de sus críticos. Se disocia en principio y práctica de las "sectas" que él sintió que eran nocivas para la vida de la iglesia. Su intención era construir y no derribar. Deseaba adherirse a las leyes y normas de su iglesia, y éstas incluían la restricción de las mujeres.

En dos documentos específicos, Wesley refuta alegatos en cuanto a las mujeres predicadoras dentro de su movimiento. Demuestra su oposición a las mujeres que deciden tomar tan monumental decisión. El primero de estos panfletos trata su relación con la Sociedad de práctica en particular", afirmó Wesley, "distingue claramente a los metodistas en relación con esta secta: la predicación de mujeres".

Rechazó la noción cuáquera de que la mujer tiene el derecho de predicar en las asambleas del pueblo de Dios. En defensa de la prohibición, expone los dos textos clásicos paulinos, 1 Corintios 14.34-35 y 1 Timoteo 2.11-12, los cuales parecen demandar que las mujeres permanezcan en silencio en la iglesia. Describe la "enseñanza pública" por parte de las mujeres como una usurpación de la autoridad del hombre. Usa argumentos de autoridad para contradecir la defensa que los cuáqueros basaban en la Escritura:

Pero una mujer trabajó con Pablo en el ministerio del evangelio. Sí, pero no en la forma que Pablo mismo había prohibido expresamente.

Pero Joel predijo: "tus hijos y tus hijas profetizarán". Y Felipe tuvo cuatro hijas que profetizaron. Y el Apóstol mismo manda a las mujeres que profeticen; solamente con la cabeza cubierta.

Muy bien. Pero, ¿cómo probar que profetizar en alguno de estos lugares significa predicar?[10]

Aquí Wesley parece jugar con las palabras, pero su posición es clara. Rehúsa permitir que las mujeres prediquen en público.

Un segundo documento también tiene que ver con este asunto. En el intercambio de cartas entre Wesley y Jorge Lavington, Obispo de Exeter, Wesley responde a la acusación de entusiasmo de parte de su superior. Este era el constante clamor contra su movimiento. Las actividades de las mujeres se usaron como prueba para apoyar el cargo. "Mujeres y muchachos", acusó Lavington, "se emplean actualmente en el ministerio de la predicación pública".[11] Wesley rechazó sumariamente el alegato, que en realidad era una reminiscencia del cargo que William Bowman le había hecho mucho antes. "Por favor, dime ¿dónde? - replicó - "Yo no los conozco, y ni siquiera había oído de ellos antes".[12]

Era difícil esquivar el punto, ante la exactitud del cargo. Se arriesgaba mucho más que lo que se veía. El juego del ratón y el gato que ellos representaban era sólo la punta del témpano. Lavington estaba solamente sirviendo como un vocero para aquellos que tenían pavor de la liberadora y desestabilizante influencia de las sociedades metodistas. El mundo del orden y el poder, sobre el cual los dirigentes de lo establecido basaban su propia seguridad, comenzaba a mostrar señales de debilidad. La renovación evangélica, en combinación con muchas otras fuerzas sociales, comenzaba a cambiar el mundo de aquellos. En defensa del estatus quo, por tanto, los críticos como Lavington y Bowman usaron todos los medios a su alcance. Ellos caricaturizaron a sus "adversarios" y crearon estereotipos en los que a menudo figuraban prominentemente las mujeres. "¡Se puede observar de hecho", reclamaba el obispo, "que una multiplicidad de esposas y un promiscuo uso de las mujeres ha sido el dogma favorito de las sectas más fanáticas!".

Nada, sin embargo, podría haber estado más lejos de la visión que Wesley tenía de la vida cristiana. Su misión era reformar la iglesia. Una inesperada consecuencia de su redescubrimiento del evangelio fue la liberación que éste trajo para toda la gente, no solamente a las mujeres. Hasta este punto, aunque a las mujeres no se les permitía predicar, sí se les permitió ocupar posiciones importantes de liderazgo dentro de las sociedades metodistas. Ellas trabajaron como pioneras y, a menudo, aceptaron trabajar igualmente que los hombres. Y esto es lo que los guardianes de la iglesia y de la sociedad temían grandemente. La extraordinaria naturaleza del avivamiento, el ambiente general de las sociedades y el desarrollo de la teología de Wesley en cuanto a la iglesia y el ministerio, condujeron a una cada vez mayor aceptación de las mujeres y a la expansión de sus funciones.

Capítulo tres
"Ella" marcó el camino a Sión

Influenciando a la institución desde adentro

os laicos pioneros que fundaron muchas de las originales Sociedades metodistas asumieron naturalmente las posiciones de liderazgo dentro del movimiento. Aquellos que permanecieron al margen de la Sociedad inglesa establecieron su propio camino hacia el centro de la renovación wesleyana. El metodismo creó su propio liderazgo desde adentro. Fortaleció las masas de la clase trabajadora, al pueblo común y a las mujeres, y los preparó para ser eficientes siervos de la Palabra.

Wesley exhortó a sus seguidores a dejar la apatía y aceptar las responsabilidades de su único llamamiento en Cristo. Los animó a expresar su fe en obras y a desarrollar sus talentos como un sagrado depósito de parte de Dios. Los colocó en grupos pequeños para descubrir y alimentar sus dones. Este redescubrimiento del ministerio laico contribuyó grandemente a la inclusividad y vitalidad del movimiento. Al permitir a las mujeres que asumieran posiciones importantes de liderazgo dentro de la estructura de la Sociedad, Wesley expresó de manera concreta su proclamación de la libertad en Cristo. Las mujeres que lograron liberarse de la esclavitud en un mundo dominado por los hombres, comenzaron a desarrollar un nuevo sentido de autoestima y propósito en la vida.

Al final de la década de 1740, los dirigentes de la renovación habían superado los estallidos iniciales de las turbas furiosas y del clero antagónico. En el proceso, se habían hecho también mucho más sensibles a la tensión entre su celo por la renovación y su lealtad a la iglesia. El metodismo comenzó a tomar la forma de una institución. Los niveles específicos de liderazgo comenzaron a mostrarse dentro de la estructura de las Sociedades. Y Wesley, en su única y metódica manera, aclaró la definición de cada una de las funciones según ellas evolucionaban.

Además de los "ministerios" (un más pequeño grupo de clérigos anglicanos que ocupaban la cúpula) y los "asistentes" o "ayudadores" (un numeroso grupo de predicadores laicos itinerantes que estaban dedicados exclusivamente a la renovación) estaban los dirigentes laicos dentro de las Sociedades locales. Wesley le dio la más alta prioridad a la preparación de liderazgo dentro de su vasto ejército de discípulos. Sin el compromiso y apoyo de estos dirigentes de la base, la renovación podía haberse disuelto rápidamente como una cuerda de arena. Este tercer y numeroso grupo de dirigentes incluía a los predicadores locales no itinerantes, a los convocadores de los pequeños grupos, a los visitadores de los enfermos, a los administradores y a las amas de casa.

Era dentro de este círculo crucial de liderazgo donde las mujeres encontraron la más amplia gama de oportunidades. Las funciones de la banda, los dirigentes de las clases y los visitadores de los enfermos resultaron el más significativo campo de entrenamiento para las posteriores mujeres predicadoras.

Wesley subdividió sus Sociedades en pequeños y homogéneos grupos de cuatro o cinco personas de un mismo sexo o estado marital. Estas "bandas", como ellos las llamaban, fueron círculos íntimos de compañerismo para aquellos que "insistían en la perfección". Su propósito central era una intensa introspección personal y una rigurosa confesión mutua. Las "clases" generalmente compuestas por doce personas, hombres y mujeres, tuvieron origen práctico. Se desarrollaron en Bristol como lógicas divisiones dentro de la Sociedad, para la recolección de dinero. Wesley aprovechó esta necesidad financiera para desarrollar el cuidado pastoral y la supervisión de sus seguidores. Las clases se reunían generalmente cada semana para disfrutar de algo menos intenso que las actividades de las bandas.

Wesley eligió a las personas que, bajo su cuidado, serían responsables de la dirección espiritual de estos pequeños grupos. Los dirigentes de las bandas y de las clases ocupaban las posiciones más cercanas al alto rango del movimiento. Ellos tenían posiciones estratégicas de liderazgo dentro de las Sociedades. Ejercían una poderosa influencia sobre el movimiento de la institución metodista. El hecho de que estos líderes salieran de todos los sectores imaginables de la sociedad inglesa trajo ánimo y fuerza al movimiento como a ninguna otra institución. El metodismo no sólo sobrevivió, sino que floreció como consecuencia de su vasta red de laicos entrenados y ocupados en diversas funciones. No fueron en absoluto cristianos pasivos, para quienes el ministerio ya estaba hecho; por el contrario, fueron activos siervos ministrantes que se cuidaban recíprocamente. Y la mayoría de ellos fueron mujeres.

Los líderes de las bandas, en particular, debían ser personas de profundidad y madurez espirituales. Dones especiales y cualidades de carácter eran necesarias para el cuidado pastoral de las almas. Wesley exigió que sus líderes de bandas tuvieran un claro entendimiento de la gracia salvadora de Dios y del camino de la salvación. Debían ser capaces de comunicar a otros su propia experiencia y conocimiento. La honradez y la integridad personal eran cualidades indispensables. La función primordial de estos líderes era ayudar a sus hermanos y hermanas metodistas en una común búsqueda de la santidad. Muchas de las mujeres fueron idóneas por naturaleza para este tipo de alimentación espiritual. Es decir, algunas de ellas ejercieron su oficio con tal sensibilidad y discernimiento que los predicadores no les permitieron renunciar.

Las reuniones de las clases fueron normalmente un tipo de reunión "familiar" en la que viejos y jóvenes, mujeres y hombres, disfrutaban del compañerismo. Este proveía una oportunidad para comprometer a los cristianos a comunicar sus experiencias, esperanzas y sueños. La estima mutua fue la clave para el éxito de estas experiencias. Realzaba el valor de la vida de los miembros y hacía que la fe madurara. La reunión de la clase era el lugar seguro en donde los solícitos miembros afirmaban sus triunfos, aceptaban sus dudas y se ayudaban unos a otros en medio de las luchas de su peregrinar. Cada uno, tanto mujeres como hombres, encontraba dentro de este círculo de amistad el estímulo necesario para "hablar libremente" de su peregrinaje cristiano.

Aquellos que fueron llamados a guiar las clases encontraban que su vida cambiaba dramáticamente por medio de esta experiencia. Las responsabilidades de guiar a otros en los asuntos de formación espiritual eran una manera de sacar de sí mismos las mejores cualidades.

Según Wesley, Jane Muncy, una guía de clase en Londres, era un "modelo para el rebaño". en la "autonegación de todo tipo, en la franqueza de la conducta, en la simplicidad y en la sinceridad piadosa, en la fe servicial y en el constante acompañamiento a todos con los medios públicos y privados de la gracia", ella era un modelo para todos. No es de sorprenderse que muchas de las mujeres fueran extensamente reconocidas por la amplitud de su conocimiento y la profundidad de su sabiduría.

En aquellas Sociedades que crecieron suficientemente como para experimentar algún grado de segregación, rara vez había un hombre, aparte del predicador, al que se le permitiera dirigir una clase exclusivamente de mujeres. En ocasiones, sin embargo, las mujeres se veían como las líderes de los hombres. Cuando Dorothy Downes se encontró en esta situación, en 1776, fue en busca de Wesley para que la aconsejara. Porque Dios la había llamado, él le encargó no perder ninguna oportunidad para hacer lo bueno y cuidar de sus hermanos.

En cuanto a la pregunta que usted levantó, si el líder mismo lo decide y la clase no se opone, no habrá objeción para que su clase se reúna inclusive con hombres. Esto no significa ni presupone el ejercicio de alguna autoridad sobre ellos. Usted no actúa como un superior, sino como un igual; y esto en realidad constituye un acto de amistad y amor fraternal.[1]

Sara Crosby ayudó a cambiar la vida de mucha gente por medio del liderazgo dentro de estos pequeños grupos. Distinguida como la primera mujer predicadora del metodismo, estableció la base de su subsecuente ministerio sobre estas primeras experiencias. Del relato que Frances Pawson hace del liderazgo de Sara, es notorio cómo los pequeños grupos ayudaron a establecer el camino para la creciente actividad de las mujeres:

No soy capaz de repetir todas las bondades que yo he oído de la señora Crosby, la señora Downes y otras. Solamente puedo agregar que aquellos pequeños grupos, clases y bandas son el principio de una Sociedad celestial en este mundo inferior.[2]

Otro oficio en el cual destacaron las primeras mujeres metodistas fue el de la visitación a los enfermos. En una carta a su hermano, fechada el 24 de abril de 1741, Wesley describe el establecimiento de este ministerio en Londres: "Estoy definiendo un método regular de visitación a los enfermos... Ocho o diez se han ofrecido para este trabajo, y ellos quisieran tener una ocupación completa".

En su muy larga carta de 1748 al Reverendo Vincent Perronet, publicada más tarde como "Un llanto de la gente llamada metodistas", Wesley describe la visitación con grandes detalles:

El trabajo de un visitador de enfermos es ver a cada persona enferma dentro de su distrito, tres veces por semana. Preguntar por la condición de su alma, y aconsejarlos según cada ocasión. Enterarse de sus desórdenes y buscar cómo enseñarles a evitarlos. Socorrerlos si ellos lo desean... Como reflexión, yo pude ver cuán certeramente hemos copiado en este ejercicio a la iglesia primitiva. ¿Qué fueron los antiguos diáconos? ¿Qué era Febe, la diaconisa, sino visitadores de los enfermos?[3]

Aunque no era un privilegio enseñar en público, estas personas fueron llamadas para estar en un ministerio. La justificación de Wesley en cuanto al oficio que aquellas ejercieron evocó una de las más radicales declaraciones en cuanto a las mujeres y la iglesia. No solamente fueron mujeres las que asumieron un trabajo igualitario con los hombres en asuntos de cuidado pastoral, sino que su ministerio fue una valiente afirmación del legítimo y noble lugar de las mujeres en el orden de la creación:

¿Pero no pueden las mujeres, tanto como los hombres, desempeñar una parte en este honorable servicio? Indudablemente ellas pueden, o mejor dicho, ellas deben hacerlo; es un propósito, derecho y su tarea innata. En adelante, no hay diferencia: No hay ni hombre ni mujer en Cristo Jesús. Está claro que ya no hay razón para argumentar, como muchos lo hacen, que "las mujeres son sólo para ser vistas, pero no para ser oídas". Y, por lo tanto, ¡muchas de ellas son consideradas como si fueran únicamente designadas como juguetes placenteros! Pero, ¿es esto honrar el sexo? ¿O es una real gentileza a ellas? No, es la más profunda grosería; es una horrenda crueldad; es una total barbaridad sin nombre. Y yo no sé en qué grado una mujer con sentido y espíritu pueda aceptar esto. Ténganlo presente ustedes que tienen en su poder definir el derecho que Dios por naturaleza les ha dado. ¡No permitan que esa vil esclavitud perdure ni un minuto más! Ustedes, tanto como los hombres, son criaturas racionales.

Ustedes, tanto como ellos, fueron creadas a la imagen de Dios; ustedes son igualmente candidatas a la inmortalidad; ustedes también son llamadas por Dios, cuando ustedes tienen tiempo, a "hacer lo bueno para todos los hombres". No "sean desobedientes al llamado eclesial". Cuando quiera que ustedes tengan la oportunidad, hagan todo lo bueno que ustedes pueden, particularmente a sus vecinos pobres y enfermos. Y cada una de ustedes también "recibirá su propia recompensa, según su propia labor".[4]

El liderazgo en estas áreas proveyó incontables oportunidades para que las mujeres discutieran asuntos de la fe, aconsejaran a viajeros, explicaran perspectivas bíblicas y ofrecieran a Cristo a otros por medio de la conversación y exhortación espontáneas. Cuando la visitación a los enfermos se extendió gradual y naturalmente e incluyó el trabajo en las prisiones, las mujeres abrieron el camino. ¿Cómo podía Wesley desaprobar que ellas ofrecieran su testimonio personal, leyeran las Escrituras y exhortaran a los prisioneros a que recibieran el amor de Dios en Cristo? Por el contrario, él las animó a que hicieran mucho más.

Graciela Murray: la líder modelo

En este período inicial, Graciela Murray se destacó como un modelo de la mujer metodista. Su estatura como una de las celebridades del metodismo primitivo demuestra las alturas a las cuales una mujer podía ascender dentro del movimiento. Ella aparece primero en relación con la Sociedad de la fundición en Londres, donde es enlistada como una de las dirigentes de la banda en 1742. Sus Memorias ilustran la experiencia típica de una de las primeras mujeres metodistas.

El señor Wesley me hizo líder de una banda; yo tenía miedo de tomarla a mi cargo, aunque no rechacé el reto, porque no podía ofender a Dios. Incluso yo estaba designada para ser una de las visitadoras de enfermos, lo cual era mi trabajo favorito.[5]

Al regresar al norte de Inglaterra, después de la muerte de su esposo, ella fue designada como una de las primeras líderes de clase, en la recientemente establecida Sociedad en Newcastle. Ingresó al trabajo pionero con un celo irrefrenable:

> *El señor Wesley me ubicó en la parte del trabajo que él consideró adecuada; y cuando la casa se terminó, yo fui asignada para ser el ama de llaves. Pronto, la gente se dividió de nuevo en bandas, o pequeñas Sociedades; mujeres por sí mismas y los hombres de igual manera. Yo tuve un total de cien personas en clases, a las cuales reuní en dos sesiones separadas; y una banda para cada día de la semana. Además, visitaba a los enfermos y a los que se habían enfriado en la fe... Teníamos también varias Sociedades en el campo, las cuales yo visitaba regularmente, reuniendo a las mujeres durante el día y a toda la Sociedad en la noche. y, ¡oh, que lluvias del Espíritu pude ver en aquellos tiempos! Todavía arde mi corazón al recordarlo.*[6]

Su función se expandió rápidamente e incluyó responsabilidades aún más grandes. "Ella viajó", según su propio hijo, "bajo la dirección del señor Wesley, por varios de los condados del norte, para reunir y disciplinar las Sociedades femeninas; posteriormente fue a Irlanda con el mismo propósito".[7] Vigilante en estas labores itinerantes, frecuentemente viajó grandes distancias sin ninguna compañía, y pronto se hizo merecedora de gran reputación, no sólo por sus habilidades pastorales sino por su extraordinario valor. Uno de los primeros historiadores del metodismo en el norte afirma que "realmente ella nunca intentó predicar", pero Wesley acostumbraba referirse a ella como su "mano derecha".[8]

En el importante documento en cuanto a su relación con Graciela, Wesley elogia grandemente el trabajo de ella: "Yo vi el trabajo de Dios prosperar en sus manos... ella era para mí tanto una sierva y amiga como una colaboradora en el evangelio".[9] Sus varias responsabilidades como líder de bandas y clases, visitadora de enfermos, ama de llaves, compañera de viajes, y "disciplinadora" itinerante de los grupos de mujeres, todas las cuales significan gran cuidado y sensibilidad, ella las desempeñó con celo y fidelidad únicos. Mujeres como Graciela Murray trabajaron, en efecto, como co-pastoras, que dirigieron a la familia metodista mediante sus sencillas acciones de adoración y servicio.

Wesley hace concesiones

La teología eclesiástica de Wesley y su comprensión del ministerio laico proveyó la base necesaria para su subsecuente autorización de las mujeres predicadoras. Esa aceptación llegó, sin embargo, por medio de un proceso de pasos muy cautelosos. Fue un lento pero natural proceso. Las prácticas metodistas modificaron la teología de Wesley, y los nuevos enfoques teológicos lo llevaron a prácticas innovadoras. Su propia autocomprensión –la evolución de su punto de vista en cuanto a su propio papel dentro de la renovación– también tuvo una parte en el desarrollo. La renovación wesleyana fue extraordinaria, y Wesley reconoció claramente la naturaleza excepcional de su propia posición.

Apenas tres meses antes de que Juan comenzara la práctica de predicación de campo, buscó como justificar sus acciones ante su ansioso hermano:

Y para hacer esto yo he tenido un llamado ordinario y uno extraordinario... Quizás esto debiera expresarlo de otra manera. Dios sostiene el testimonio de una manera tan extraordinaria que consecuentemente hace que el ejercicio de mi llamado ordinario sea muy agradable a sus ojos.[10]

El obispo confirmó el llamado ordinario de Juan en beneficio de la iglesia; el Espíritu Santo validó su extraordinario ministerio en beneficio del pueblo de Dios.

El hecho de que los frutos espirituales acompañaron las originales actividades de Wesley en una extraordinaria situación fue la prueba suficiente para él de la bendición divina. Wesley, el sacerdote anglicano en serio, no exageraba su credibilidad en este respecto. El más influyente teólogo anglicano, Ricardo Hooker, había expresado el mismo punto de vista en sus Leyes de gobierno eclesiástico. Pero este concepto básico suprimido en sumo grado en los días de Wesley, iba a tener muy profundas implicaciones. Se aplicaría directamente a la práctica de la predicación laica, la cual se desarrolló durante las dos primeras décadas del avivamiento. De manera más importante, supliría la base racional para la inclusión de las mujeres en estas fructíferas actividades en los años posteriores.

En estas primeras décadas, sin embargo, Wesley experimentó una tensión en cuanto a la naturaleza de la iglesia. Su esfuerzo de toda la vida fue balancear dos puntos de vista fundamentalmente diferentes. El hecho del equilibrio era la dificultad que debía vencer. Por un lado, la Iglesia de Inglaterra representaba la iglesia apostólica o institucional. La tradición la ataba a sus orígenes en Cristo. Las Sociedades wesleyanas, por otro lado, encarnaban un punto de vista carismático de la iglesia, en el más amplio sentido del término. Este punto de vista destacaba el remanente fiel, un cuerpo de creyentes, una fe viva sostenida en la común experiencia de unos pocos. Puesto que las Sociedades metodistas permanecieron dentro de la Iglesia de Inglaterra, Wesley disfrutaba lo mejor de ambos mundos. Abrazó con gran entusiasmo la verdad encerrada en ambos puntos de vista.

Muy pronto en 1746, sin embargo, Wesley se inclinó a ver a la iglesia más y más esencialmente funcional y no en términos institucionales. Llegó a creer que tanto la estructura como el espíritu eran necesarios, pero lo esencial es el espíritu que la estructura encarna. En ninguna parte se expresa más claramente esta convicción que en sus importantes cartas con el seudónimo de Juan Smith:

> Yo preguntaría, ¿cuál es el fin de todo el orden eclesiástico? ¿No es rescatar almas del poder de Satanás y traerlas a Dios? ¿No es construirlas en el temor y amor de Dios? El orden, entonces, es enormemente valioso sólo cuando contesta estos fines; y si no los contesta, entonces no vale la pena. ...dondequiera que se manifiestan el conocimiento y el amor de Dios, el verdadero orden no se hace esperar. Pero donde aquéllos no se dan, el orden más apostólico es menos que nada y pura vanidad.[11]

El espíritu libre e independiente de Susana Wesley se revelaba en su hijo en estos puntos de vista. Muchos de los contemporáneos de Wesley percibieron las semillas de la disconformidad en sus principios.

Los críticos de la renovación wesleyana señalaron el temprano surgimiento de los predicadores laicos dentro de las Sociedades metodistas como la primera indicación de que las semillas de la disidencia habían echado raíces. La predicación laica era la lógica y natural extensión del espíritu igualitario de las Sociedades y de la teología implícita en el movimiento. La predicación de campo de Wesley era probablemente más "irregular" en un sentido técnico, pero la invasión de las parroquias por predicadores no ordenados constituía una perenne espina en la carne del clero anglicano.

El origen de los predicadores laicos demuestra el eclesiasticismo pragmático de Wesley. el aceptó los servicios de los laicos como líderes dentro de las Sociedades sin ninguna vacilación. Inclusive, en Georgia, había confiado la responsabilidad pastoral a laicos talentosos. Pero su consentimiento de las actividades de los predicadores laicos metodistas dependió de la "extraordinaria" naturaleza de la renovación. Wesley esto con toda claridad en su famoso sermón sobre "El oficio ministerial", en el que describió a los predicadores laicos itinerantes de los años de 1740 como "mensajeros extraordinarios, levantados para provocar la envidia en los ordinarios". Circunstancias extraordinarias demandaban una respuesta y acción fuera de lo común.

Wesley justificó su empleo de predicadores no ordenados, no solamente con el mandato divino de proclamar la salvación en Cristo, sino también con la necesidad pastoral de expandir el movimiento. Los "ministros" sencillamente no podían ir al ritmo de los explosivos efectos del avivamiento, aunque los primeros predicadores laicos obtuvieron su autoridad directamente de Wesley, la respuesta del pueblo y los frutos de la labor que desempeñaron autenticó abundantemente su ministerio. Este principio de autoautenticación contribuyó grandemente a la evolución de su autoconciencia ministerial.

Los aspirantes a predicadores laicos, sin embargo, debieron cumplir los rigurosos requisitos de Wesley. La Conferencia de 1746 desarrolló un examen de tres páginas para aquellos que sentían haber sido llamados a predicar. Aquellos que dieron pruebas evidentes de conversión o gracia, dones y frutos fueron tomados "a prueba" durante un año. Después de este tiempo de "aprobación", si ellos satisfacían las expectativas de la Conferencia, eran admitidos dentro de una "total relación". La cualidad esencial para estos laicos predicadores era, sin embargo, un auténtico "llamado". Y la autenticidad de su llamado se probaba por los frutos de su ministerio.

Mientras el llamado a predicar consistía generalmente en un llamado interno de parte de Dios y un llamado exteriorizado por la iglesia, el testimonio íntimo del Espíritu Santo era siempre lo primordial para Wesley. "Yo admito, que es altamente adecuado, que quienquiera que predique en el nombre de Dios, tenga tanto un llamado público como un llamado interior", recalcó en su "Cautela contra el fanatismo", pero "yo niego que esto sea absolutamente necesario". Llevó el argumento un poco más lejos en respuesta a las críticas de un compañero sacerdote:

> Es verdad que en los casos ordinarios son requisitos tanto un llamado exterior como un llamado interno. Pero nosotros entendemos que hay algo más allá de lo "ordinario" en el presente caso. Y sobre el más sereno punto de vista de las cosas, creemos que aquellos que son llamados por Dios, y no por hombres, tienen más derecho a predicar que los que solamente son llamados por los hombres, y no por Dios.[12]

Había un cierto remordimiento en las palabras de Wesley que no puede pasarse por alto.

Dios no estaba limitado, según el punto de vista de Wesley, a las reglas de la iglesia. Aunque Dios generalmente opera por medio de los recursos existentes –los canales ordinarios ordenados por Cristo- no puede nunca verse sujeto a ellos solamente. Cuando los normales sistemas pastorales dejan de llevar fruto, Dios levanta mensajeros para hacer lo que se debe hacer. Esta, argumentaba Wesley, era la situación extraordinaria de su tiempo. Y él usó los más sólidos argumentos de la Escritura, de la tradición, la razón y la experiencia para estructurar su caso.

La profunda influencia que Susana Wesley ejerció sobre su hijo, en este punto tan crítico, no se debe perder. Tomás Maxfield fue el primer predicador laico metodista que Wesley reconoció y autorizó. La repugnancia inicial de Juan ante el pensamiento de una persona no ordenada exponiendo la Palabra fue reducida y luego transformada por el consejo sabio de Susana.

> *Juan, tú sabes cuáles han sido mis sentimientos. Tú no puedes sospechar en mí un favoritismo bien intencionado sobre algo de este asunto. Pero ten cuidado en cuanto a lo que hagas a ese joven, porque sin duda él es un llamado por Dios para predicar, tanto como tú lo eres. Examina cuáles han sido los frutos de su predicación, y escúchalo por ti mismo.*[13]

Cuando Juan lo escuchó, no pudo hacer otra cosa que recordar las memorias de su propia madre durante su niñez, rodeado de los más sinceros buscadores de la gracia de Dios, en la cocina de la rectoría de Epworth.

El fruto del cual Susana hablaba, no dependía del sello de aprobación de la iglesia, pero, por supuesto, el fruto mismo era equivalente a la sanción de la iglesia. Aunque el "pastor" presidía sobre la congregación y administraba los sacramentos, el especial campo de acción del "evangelista" era ayudarle y predicar la Palabra. Vistos como "profetas-evangelistas", y/o como "pastores-sacerdotes", los predicadores itinerantes metodistas estaban libres para sembrar la semilla de la gracia de Dios dondequiera el Espíritu los moviera a hacerlo. Bajo Wesley ellos disfrutaron de cierta libertad, pero era una libertad dentro del contexto de la disciplina de las Sociedades metodistas. La mutua consideración los mantuvo en repetidas ocasiones en su curso, cuando la natural distracción de ese tipo de ministerio podía perderlos por la campiña fuera de la casa.

La selección que Wesley hizo de estos "hijos en el evangelio", como él los llamaba, evolucionó naturalmente. Los candidatos avanzaron por la lógica de los hechos, desde los niveles inferiores del liderazgo en las clases y bandas (por medio de una cantidad de etapas intermedias), hasta su eventual estatus de predicadores. Un crítico anónimo ilustró esta natural progresión en su queja:

> No es tan pronto como una persona comienza a ser metodista, que puede esperar levantarse por encima de todas las diferentes gradaciones de la Sociedad, y puede inclusive aspirar a convertirse con el tiempo en un predicador itinerante".[14]

Dado el hecho de la preponderancia femenina en las Sociedades, no sorprende encontrar el mismo patrón general de influencia en la vida tanto de mujeres como de hombres. La suerte estaba echada.

Capítulo cuatro
¿Predicó "ella", o no?

n el metodismo, el hablar en público de las mujeres se llevó a cabo en innumerables formas preliminares, hasta llegar a la predicación formal.

Tres medios particulares de comunicar su fe recién descubierta fueron adoptados rápidamente. Aunque la predicación pública, el testimonio y la exhortación eran distintas formas de hablar en público, era natural para las mujeres hacerlos coincidir en el ambiente informal de la Sociedad Metodista. Cada una de estas formas de dirigirse al público se fundamentaba en el deseo de comunicar la experiencia de fe y en la urgencia por salvar almas. No sólo la oración podía convertirse fácilmente en testimonio, y este parecerse más a una exhortación, sino que cualquiera de estos medios de comunicar el evangelio podía sobrepasar la tenue frontera que los separaba de la predicación.

Ella comenzó orando

Para muchas de las primeras mujeres metodistas la oración pública fue la primera experiencia que tuvieron de hablar en público. Lo hacían para sentirse cómodas mientras oraban en los grupos pequeños y familiarmente orientados, dentro de las Sociedades. Con relativa frecuencia las mujeres iniciaron reuniones de oración para aumentar las clases y las bandas en las que participaban. Su fe en el poder de la oración se ilustra con la experiencia de Isabela Wilson, que llegó a ser un importante instrumento de la renovación en el norte de Inglaterra:

Hasta hoy, aunque presionada a ello, la señorita Wilson se ha abstenido de ejercitarse públicamente en la causa de la religión, aunque escucha por el señor Percival, de la renovación que está teniendo lugar en Yorkshire desde hace algunos años, en el que a Dios le ha placido particularmente admitir las reuniones de oración; y observando las relaciones nacidas dentro de la libertad cristiana y que el trabajo prospera alrededor de ella, desde las más sinceras súplicas en privado, ella procedió a orar más abiertamente por los que estaban con el alma angustiada y no en vano; el Señor a menudo contestó con toda su gracia. Su modo de orar no era en voz alta, sino ferviente, y su fe era notablemente fuerte en un Salvador presente para una salvación presente.[1]

Las oraciones de las mujeres reflejaban una amplia gama de estilos y formas. En un viaje cuando llegó a Bath, en 1764, Wesley encontró un interesante tipo de oradora. Aparte de la peculiaridad del caso, la oradora obviamente lo afectó profundamente.

El fuego aumentaba más y más, hasta que la señora... preguntó si yo la iba a dejar orar. Nunca había oído tal tipo de oración: era completamente original; rara e inconexa; hecha de fragmentos dispersos y como una llama de fuego. Cada frase penetraba en mi corazón y sin duda el corazón de todos los presentes. Por muchos meses no he encontrado nada igual. Fue maravilloso para mí estar ahí.[2]

Muchas mujeres fueron altamente talentosas en el arte de la oración. Se decía que Sara Crosby podía orar con la sencillez de un niño y luego ascender al lenguaje de una madre de Israel, para proclamar las profundas realidades de Dios. La oración era un arte, en el cual señoreaban las mujeres en medio de los quehaceres comunes. Por medio de la oración fueron capaces de acercarse a la gente con maneras que se podían comprender muy fácilmente. Tal vez ninguna mujer del siglo XVIII fue tan habilidosa en esta dádiva espiritual como Ana Cutler, cariñosamente llamada "oradora Nany".

Después de su conversión, Ana comenzó a orar en público y por medio de esa experiencia se convenció más y más de su llamamiento:

> *Ella comenzó a orar en las reuniones y varios fueron conmovidos y traídos ante Dios. Los resultados de su labor eran evidentes. ...Su manera y sus peticiones eran extrañas para muchos, porque ella oraba con gran esfuerzo de la voz y suplicaba por bendiciones presentes. Decía frecuentemente: "Creo que debo orar. No puedo ser feliz a menos que llore por los pecadores. No quiero ningún elogio. No deseo nada, sino que las almas se acerquen a Dios. Una gran mayoría me reprocha. Y no puedo hacerlo para ser vista u oída por los hombres. Yo veo que el mundo va a la perdición, y estaré agobiada hasta que pueda verte toda mi alma ante Dios a favor de ellos.*[3]

El ministerio público de oración de Nany fue fructífero únicamente por la forma en que ella cuidadosamente lo balanceó con una vida de devoción personal de iguales proporciones. El tiempo destinado a la meditación privada y a la contemplación proveyó la base necesaria para una activa misión en el mundo. El interés de

Ana por la contemplación, la acción y la disciplina del espíritu, privada y pública, ilustra una de las dinámicas que hicieron del avivamiento wesleyano una poderosa fuerza de Dios. Ella experimentó el descubrimiento de Wesley, de que el camino cristiano es una vida de oración. Doce o catorce veces al día, ella se tomaba un tiempo para dar gracias a Dios, para buscar su guía y para llevar ante la presencia sanadora del Dios de amor a personas y situaciones específicas. Sus hermanos y hermanas se enteraron de lo que hacía.

El trabajo de Sara Peters en las prisiones de Londres demuestran cómo la oración a menudo mueve naturalmente al testimonio y a la exhortación. Poco después, Juan Wesley conoció a Sara y notó cuán peculiar era "su don y su continua preocupación por buscar y salvar lo que se había perdido, sostener al débil, confortar al vacilante y hacer volver a los que habían abandonado el camino".[4] Esta guía de banda en la Sociedad de la Fundición en Londres tenía un sentido muy claro de un llamamiento especial en su vida. "Yo creo que soy toda espíritu", afirmó en una ocasión, "Yo debo estar siempre moviéndome, no puedo descansar de día o de noche, mientras estoy reuniendo las almas para Dios".

Sara Peters y Silas Told fueron instrumentos en el desarrollo de un ministerio dedicado a los confinados en la prisión de Newgate, en Londres. En octubre de 1748 ella ayudó a Silas en los servicios religiosos para los condenados. Los efectos fueron dramáticos:

Seis o siete de los que estaban bajo sentencia de muerte se acercaron. Cantaron un himno, leyeron una porción de la Escritura y oraron. Todos los que estaban presentes rompieron en llanto. Muchos de ellos parecían profundamente convencidos de su estado perdido. Desde esa ocasión, la labor de Sara fue incansable entre los prisioneros, orando noche y día con ellos y por ellos.[5]

Sara visitaba a todos los prisioneros en sus celdas. Mientras caminaba sola por todos los rincones de la presión, oraba con los reclusos, les ofrecía su testimonio personal del amor de Dios y los exhortaba a que creyeran.

Por medio de su poderoso ministerio muchos se convirtieron y dieron testimonio de la nueva fe que encontraron cuando se hallaban frente a la muerte. En el caso de Juan Lancaster, uno de los primeros convertidos por el trabajo de Sara, cuando se le notificó el día de su ejecución, ella se mantuvo a su lado para consolarlo hasta el final. Y cuando llegó la hora, él se acercó a ella, la besó y le dijo con toda seriedad: "Yo voy ahora al paraíso, y usted me seguirá muy pronto". Su profecía se cumplió dos semanas después, cuando ella murió a causa de la "fiebre de la prisión". Un ministro sintetizó así toda la vida de Sara: "Un eterno legado de amor".

Su testimonio cambió vidas

El testimonio personal se arraiga en el deseo de comunicarles a otros la liberadora experiencia de la nueva vida en Cristo. Es una irresistible fuerza para amar a cada hermano y hermana, porque Dios nos amó primero. Su propósito final, por tanto, es que las vidas cambien. Los verdaderos discípulos de Cristo sencillamente no pueden esconder el gozo que han experimentado en él y tienen que entregarles a otros el don de la gracia de Dios. Esconder a Cristo, como Wesley proclamaba frecuentemente, es perderlo al final.

Pero el testimonio también es beneficioso para la formación personal y espiritual. Se puede emplear no solamente para atraer personas hacia Cristo, sino también para nutrirlas en la fe. Ambos aspectos de la fe constituían auténticos intereses para Wesley. El reconoció esta doble dimensión del testimonio y estimuló a todos sus seguidores a explorarlos totalmente. Lejos de introducir una innovación, Wesley sencillamente redescubrió una verdad espiritual olvidada y promovió su uso.

En efecto, el testimonio era una tradición religiosa significativa, con profundas raíces en la noción puritana de "la iglesia reunida". Siempre habían sido medulares en todas aquellas comunidades religiosas que valoraban el compañerismo y la mutua confianza, la libertad de conciencia y la santidad como las metas de la vida cristiana. En su peregrinación todos los cristianos necesitan comunicar las experiencias que han tenido a lo largo de la vida. Y aunque Wesley nunca convirtió "el testimonio de la experiencia personal" en un requisito para ser miembro de las Sociedades metodistas (como era el caso, por ejemplo, en muchas de las iglesias de raíces puritanas), el "dar testimonio" llegó a ser un rasgo distintivo de las reuniones metodistas.

Era natural, y por tanto no inusual, que después de contar los testimonios personales, se continuara con un servicio normal de predicación. Durante una extensa visita a Gales, después de predicar en Llansaintffraid, Wesley indica que una de las mujeres.

...no podía refrenarse para declarar ante todos lo que Dios había hecho por su alma. Y las palabras que brotaban de su corazón nos llegaron al corazón. Muy pocas veces

*había escuchado a un predicador como ella. A su alrededor
todos estaban llorando, a gritos o en susurros; porque era
imposible resistir al Espíritu por el cual ella hablaba.*[6]

El lenguaje de Wesley es expresivo. La experiencia
exigía una sobrecogedora aprobación porque él vio a
Dios trabajando por medio de esta mujer.

En muchas ocasiones de adoración y fraternidad
cristiana en público, el testimonio de las mujeres "resultó
tan penetrante como un relámpago", dijo Wesley una
vez. El servicio de predicación matutino, el banquete de
amor, la vigilia y el servicio de entrega proveyeron el
contexto perfecto para que se comunicaran las luchas
íntimas y los triunfos personales en la fe. De todos estos
servicios, el banquete de amor fue el que les proporcionó
a las mujeres las más grandes oportunidades para
expresarse.

El banquete de amor era realmente una extensión de
las reuniones de las clases y las bandas. Se configuró
según el ágape de la iglesia primitiva y los servicios
contemporáneos de los moravos. Era una ceremonia
muy sencilla que involucraba a todos en el acto
simbólico de comer y beber juntos. El primer banquete
de amor entre los metodistas se cree que fue celebrado
por un grupo de mujeres, todas miembros de la
Sociedad en Bristol, el 15 de abril de 1739. Y, como
en todas las subsiguientes celebraciones, la comida
común era un poderoso símbolo de la vida de la familia
cristiana. La oración y los cantos eran parte esencial de
la experiencia, pero el punto central era el testimonio,
la participación espiritual, de la cual la comida era un
preludio simbólico.

Durante la vida de Wesley, generalmente se celebró al final de la tarde. El banquete de amor en ocasiones duraba desde las siete hasta las diez de la noche. Pan o algún tipo de torta simple y agua en una copa de la amistad se pasaban entre todos, en un servicio no sacramental que se parecía a la Santa Comunión. Toda una himnología se desarrolló acerca de este servicio especial, y los himnos destacaban el ministerio mutuo, en el cual todos se comprometían:

Unámonos (es el mandato de Dios) Unámonos, nuestros corazones y manos; ayuda a acrecentar la esperanza de nuestro llamamiento, y nos vigoriza unos a otros.

No había duda en cuanto a la habilidad de cada persona para hablar en estas reuniones, según él o ella lo sintieran. El coro de un himno que se cantaba con frecuencia alude directamente este punto:

Pobres tontos. El enseña para mostrar Su alabanza, y hablar de las riquezas de la gracia de Jesús. No importa cuán torpe sea el estudiante a quien él lleva a su escuela, y le permite ver una manera maravillosa de enseñarle lo que El posee para darse cuenta de la salvación que él nos da por la fe.

El más sencillo de los testimonios, lleno del Espíritu de Cristo, podía ser un poderoso instrumento del amor divino. "Rara vez he oído a la gente hablar con más honestidad y sencillez", escribió Wesley en una ocasión, "que como muchos lo han hecho en el banquete de amor que culmina nuestro culto. No he visto gente menos pulida que ésta; pero el amor suple todos los defectos".[7]

El supremo valor que el banquete del amor tenía para las mujeres laicas radicaba en el abierto compañerismo y la expresión cristiana de libertad e igualdad que propiciaba. Estos eran los principios por los que Wesley deseaba luchar. En el banquete de amor en Birstall, él les recalcó a sus seguidores este hecho. "Muchos se sorprendieron", recordó con alguna preocupación, "cuando les dije que la verdadera intención del banquete de amor era la conversación libre y familiar y que cada hombre y cada mujer tenía libertad para hablar".[8] En contraste con el diálogo íntimo en los pequeños grupos de compañerismo, el banquete del amor proveía una esfera más amplia para que las mujeres expresaran su fe y desarrollaran sus habilidades para hablar.

La reunión de las bandas proveía oportunidades similares para las mujeres. Una de esas reuniones en Norwick propició una total renovación:

Mientras una pobre mujer hablaba con sencillas palabras que brotaban de la llenura de su corazón, un verdadero fuego se encendió y corrió, como una llama en el granero, en los corazones de casi todos los que oían. Cuando Dios se complace en trabajar, no importa cuán débil o cuán ordinario es el instrumento.[9]

De igual manera, en Whitby, "una mujer sencilla lloró, habló y siguió llorando, de manera que pronto todos rompieron en llanto".[10] Nada, creía Wesley, podía ser de más valor para la alimentación de las almas.

Comunicar las más íntimas experiencias de la vida exige gran valor. Y aunque en días de Wesley las mujeres lo encontraron, fue extremadamente difícil, porque debían romper las barreras sociales para ofrecer a Cristo. De esta manera, dondequiera que ellas lo hicieron el sentimiento de satisfacción llenó su vida y las hizo más valiosas. La brecha que marcó Jane Cooper, quien llegó el 15 de enero de 1762, refleja la experiencia de muchas otras hermanas en la fe:

Rumbo a Londres, para la reunión del viernes.

El señor M deseaba hablarle a cualquiera a quien no le hubiera declarado antes la bondad de Dios. "Yo estaba convencida de que también debía hacerlo, pero tenía temor de que mi tontería provocara un descrédito para la causa. Estaba tentada a pensar que me metería en problemas si yo comenzaba y no sabía cómo ordenar mi discurso rectamente. Pero el Señor dice: "No te preocupes por lo que va a decir, porque en aquella hora te daré lo que has de hablar".

...Sentí la presencia extraordinaria de Dios mientras predicaba y que las palabras, "bien, buen siervo y fiel" hablaban a mi corazón. Mi alma estaba tan satisfecha con la aprobación de Cristo, que no me interesaba lo que los hombres pensaran de mí, ni tenía miedo de eso. Solamente oraba porque ellos recibieran la verdad en amor y que sus almas no se perdieran. Estoy consciente de que soy muy pequeña, pero deseo que Dios sea glorificado y esto es suficiente.[11]

Algunos de los hombres de la Sociedad criticaron a Jane por el testimonio que dio, y esa oposición fue común a pesar de la posición de Wesley. Para muchos, estas actividades sobrepasaban los límites del sexo. Pero la intención de Jane no era en absoluto ofenderlos. "Ahora comienzo a ser una discípula", confesó, "si todos los hombres hablan mal de mí por alguna razón particular. Me da firmeza soportar el reproche y dar causa para eso". El testimonio de otros, cuya vida había cambiado por la historia de su propia vida, era suficiente recompensa para Jane.

La exhortación lleva fruto

Una de las expresiones públicas intermedias entre el testimonio y la exposición de la Escritura mediante la predicación era la exhortación. Consistía principalmente en reprobar el pecado, abogar por el pecador para que se arrepintiera y se salvara, y en testificar de la experiencia personal. La exhortación tomó varias formas, que iban desde la conversación informal en círculos íntimos hasta el discurso formal en grupos. Había una natural progresión al comunicar la "historia" personal, desde el testimonio hasta la apelación urgente. Los pequeños grupos del metodismo primitivo se dieron a conocer específicamente por promover tales actividades. La forma más común de exhortación, sin embargo, era aquella que seguía a la predicación de un ambulante en los servicios informales de las capillas metodistas.

Wesley destacó la importancia de la apelación directa y personal en una carta a una joven que él sintió que estaba muy bien dotada para la tarea:

> *Creo que tú no deseas perder ninguna oportunidad de hablar de un buen Maestro. Yo percibo que animarías particularmente a los creyentes a rendirse totalmente a Dios, y a esperar el poder que los capacitará para mantenerse firmes, cada día y cada momento. Yo espero que ninguno de los predicadores hable contra esto, sino más bien que empuje a la gente hacia delante.*[12]

Él también le aconsejó a otro: "arrebata todas las oportunidades que tengas para hablarle al menos una palabra a cualquiera de tus vecinos". Su constante ruego era que todos los metodistas diligentes, hombres y mujeres, "exhorten a los creyentes para que busquen la perfección".[13]

Guillermo Branwell describe una de las exhortaciones de Ana Cutler con algunos detalles:

> *En la noche tuvimos una reunión pública de oración en la capilla. Ella, entonces, seleccionó uno de los temas y nos dio una exhortación, que fue bien recibida. Se preocupaba mucho por las almas preciosas. El interés que tenía por ellas parecía no tener punto de comparación. Muchos fueron singularmente bendecidos por Dios.*[14]

No solamente los oyentes fueron bendecidos por lo que oían; también los exhortadores recibieron grandes beneficios. "Uno de los medios para retener el amor puro de Dios", le recordaba Wesley a Elizabeth Ritchie, "es exhortar a otros para que destaquen ese amor... No dudo que éste sea el asunto principal tanto en tus oraciones como en tus conversaciones. Entonces tú puedes esperar ser más y más abundantemente dotada de poder de lo alto".[15]

Las palabras dirigidas a lo más íntimo de la vida pueden afectar poderosamente la vida de los oyentes. Wesley, por tanto, animaba "las exhortaciones a la hora de la muerte". Estas llamadas de atención fueron recordadas a menudo y, con el tiempo, produjeron un género de literatura propia de los metodistas. "No me sorprendería que un santo en su hora de muerte profetizara", exclamó Wesley en una carta a su hermano. "¡Escucha las últimas palabras de Sally Colston!"[16] El recuerdo de Elizabeth Maxfield en su hora final es ejemplar:

> *Algunos jóvenes vinieron para verla, y ella los exhortó muy seriamente a que se volvieran al Señor en el tiempo de su juventud. Todos fueron profundamente afectados por lo que les decía, y ella no dejó que nadie saliera sin suplicarle que confiara en el Señor con todo su corazón.*[17]

Aunque las exhortaciones fueron comunes en las clases, los grupos y las reuniones de oración, ocasionalmente tuvieron una función evangelística fuera de las Sociedades, generalmente seguían después de la predicación de un ambulante. En este respecto, la "exhortación" metodista estuvo estrechamente relacionada con la "profetización" puritana del siglo anterior. La práctica de María Holder, como recordaba Zacarías Taft, demuestra su estrecha relación:

> *Mi método, como ustedes saben, era dar una palabra de exhortación después de que mi querido esposo había terminado su sermón, u orar, según me sintiera guiada por el Espíritu de Dios: y debo decir que el Señor ha reconocido y bendecido mi débil esfuerzo, para el beneficio espiritual de algunas almas preciosas.*[18]

Para muchas mujeres, dar tan monumental paso implicaba una tremenda lucha. Muchas se resistieron al llamamiento inicial y la aceptación fue el fruto de un proceso doloroso. Poco asombraba que muchas mujeres decidieran exhortar de esta manera únicamente después de que algún "amigable predicador" había terminado su sermón. La experiencia de Sibyll Best ilustra el dilema que las mujeres enfrentaban:

> *Por lo importante que es aceptar la salvación de Dios, ella se preocupaba mucho por los pecadores, y lloraba y oraba por ellos en privado, delante de Dios. Consideraba que su trabajo era orar por ellos y exhortarlos en público, pero más tarde lo sintió como un verdadero desafío más que una posibilidad. Esto se debía en parte a su timidez y cortedad naturales, y en parte a que ella sabía que su exhortación podía no ser bien recibida por algunos a quienes no deseaba ofender.*[19]

Judith Land triunfó en su esfuerzo por reconciliar el sentido de la responsabilidad con las normas religiosas del momento. Pero la lucha fue dolorosa:

...como sentí un creciente amor por los pecadores y un sincero deseo porque se salvaran, ella se aventuró a dar una palabra de exhortación en público, con el reconocimiento y la bendición del Señor. Pero cada vez más, Judith empezó a sentir que esa era su obligación: realmente le parecía que la salvación de su propia alma estaba íntimamente ligada a su empeño por salvar las almas de los demás y llegó a alarmarse con este pensamiento. Ella no tuvo paz hasta que accedió a exhortar a los pecadores a que se arrepintieran y se volvieran a Dios: tan pronto como obedeció a Dios en este, recobró su paz. Nunca se había sentido tan feliz como cuando se ejercitaba en estas labores de amor, segura de que eran la voluntad de Dios para ella.[20]

Con el correr del tiempo, las exhortaciones (especialmente las que seguían al sermón) adquirieron una forma rígida y se elaboraban con la autobiografía espiritual como hilo central. En algunas áreas aisladas, por ejemplo en Cornwall, los dirigentes locales establecieron el oficio de "exhortador" para suplir la falta de predicadores o aumentar el trabajo de éstos. Algunos de estos exhortadores se volvieron sustitutos permanentes de los predicadores viajeros que rara vez llegaban. A menudo, para hacer su apelación evangelística, estos dirigentes leían uno de los sermones de Wesley o alguna otra selección de material devocional. Wesley les había puesto al alcance los clásicos cristianos a precios muy bajos.

Lo que distinguía al exhortador del predicador laico era "la toma de un texto". Los predicadores trazaban su mensaje desde un pasaje de la Escritura. La práctica, sin embargo, no era tan clara como podríamos pensar, especialmente en una edad cuando el lenguaje de la Biblia llenaba la conversación de los cristianos. La diferencia entre predicación y exhortación era muy fina y un orador apasionado, hombre o mujer, podía cruzar fácilmente esa delicada línea. En cualquier momento, expresada como apelación final en la privacidad de un hogar particular o al contar la historia personal del triunfo en Cristo dentro de un pequeño grupo, u ofrecida como palabras de sabiduría por alguno de los maduros en la fe para beneficio de sus peregrinos seguidores, cada exhortación era un paso que se acercaba a la predicación. Las mujeres las pronunciaban y eran oídas.

De Alicia Cross puede muy bien decirse que estuvo muy cerca de traspasar la fina frontera que separaba la exhortación de la predicación. Ella introdujo el metodismo a Booth-Bank, Cheshire, en 1744. Levantó un púlpito en el cuarto más grande de su casa y formó una pequeña Sociedad. Por muchos años fungió como directora de este pequeño grupo de metodistas, y fue muy conocida por su trabajo filantrópico y por la forma tan diligente en que apelaba a sus vecinos con respecto a la fe. Gracias a su trabajo, Booth-Bank llegó a ser el centro del metodismo en Lancashire y Cheshire. Esta "ruda e inculta criatura" tenía "un toque que revelaba la heroína que había en ella", según la describió Lucas Typerman. Alicia cedió su casa de campo para la predicación, aún antes de que se construyera una capilla metodista en Manchester.

Juan Pawson dejó un valioso manuscrito en el que se relata el trabajo de Alicia. Según él, acostumbraba pararse junto al púlpito para "declarar la verdad de Cristo" en cualquier ocasión en que los predicadores ambulantes no pararan en la estancia. Esta era una costumbre consecuente con la práctica de las mujeres predicadoras cuáqueras y otras disidentes del siglo anterior. Muy rara vez las mujeres "ocupaban el púlpito", especialmente cuando eran las encargadas de dirigir en ausencia del predicador esperado. Si Alicia predicó en el sentido técnico de la palabra, es una cuestión que nunca se ha contestado. Pero al menos ella trabajó como "exhortadora" durante un período en el que los hombres predicadores laicos dentro del metodismo eran una novedad.

En 1759, Wesley le aconsejó a una mujer lo siguiente en cuanto a la administración de sus talentos:

En una palabra, ser cualquier cosa pero no un malgastador, un malgastador ante Dios y ante tu propia alma. No fue para esto que Dios te dio algún don.

"Una mente superior a la de la muchedumbre común". No, mujer, ¡no! Sino para que tú emplees todos tus talentos para la gloria de El que te los dio. ¡No contristes al Espíritu Santo de Dios! ¿Está El todavía irradiando vida dentro de ti?[21]

Si se enfoca la lógica final del consejo, el principio expresado en esta afirmación podría usarse para sancionar inclusive la predicación de las mujeres. Aunque Wesley no hubiera aceptado de esa manera este paso, la puerta realmente estaba entreabierta, y continuaba abriéndose.

Desde luego, muy pronto, ya en 1755, y a pesar de sus prohibiciones generales, Wesley parecía admitir la posibilidad de que las mujeres predicaran en casos excepcionales. El descubrió el precedente en la práctica de la iglesia primitiva:

...evangelistas y diáconos predicaron. Si, y también las mujeres cuando recibían una extraordinaria inspiración. Tanto sus hijos como sus hijas profetizaron, aunque en casos ordinarios no le era permitido a "una mujer hablar en la iglesia-".[22]

Había un creciente número de mujeres dispuestas a dar este paso. Estaban preparadas para asumir papeles que claramente siempre se habían reservado para los hombres. Inclusive algunos de los hombres estaban deseosos de ofrecerles el púlpito a las mujeres predicadoras que no pertenecían a su propia tradición, como a María Preisley, una destacada predicadora cuáquera de Irlanda, que predicó en la Capilla de Norwich en 1753.

Las primeras mujeres metodistas deseaban ser fieles embajadoras de Cristo. Sus talentos se usaron de muchas maneras dentro de la vida de las Sociedades metodistas. Cuando tuvieron que defender su causa, siempre recurrieron a un himno de Juan Wesley:

¿Restringiré yo, por temor de hombre débil
el curso del Espíritu en mí?
O, ¿firme en la acción y palabra
seré un verdadero testigo de mi Señor?

El amor de Cristo me constriñe
a buscar las extraviadas almas de los hombres;
con llantos, súplicas, lágrimas, para salvar,
para arrebatarlas del vacío del sepulcro.

Por esto no importa que los hombres vituperen mi nombre;
no rehuyo ninguna cruz, ni temo la vergüenza:
¡Toda bienvenida reprocho! ¡Y acepto gustoso el dolor!
Sólo tu terror, oh Señor, refrena.

Capítulo cinco
Experimentando con el púlpito y sin él

amuel Johnson destacó una vez que "la predicación de una mujer es como el caminar de un perro sobre sus patas traseras. No lo hace bien; pero es sorprendente que, después de todo, lo hace". A diferencia de su famoso contemporáneo, en Wesley el prejuicio inicial contra la predicación de las mujeres desapareció gradualmente. Paso a paso, él siguió los impulsos internos del Espíritu Santo, siempre examinándolos con la autoridad de la Escritura, la razón, la experiencia y la tradición. Su actitud hacia la cuestión total comenzó a cambiar a medida que la renovación avanzaba en su tercera década. Desde 1761 hasta 1770 los papeles de las mujeres en el movimiento continuaron expandiéndose en una lógica y natural progresión. Aunque su número nunca fue enorme, surgieron las primeras mujeres predicadoras del metodismo como un grupo de fuerte influencia.

Es probable que Wesley nunca habría contemplado el empleo de mujeres en la predicación, si la cuestión no se hubiera levantado espontáneamente. Indudablemente, lo mismo se podría decir en relación con los predicadores masculinos laicos. Como veremos, el proceso para que Wesley aceptara a las primeras predicadoras siguió el mismo patrón que la generación anterior había establecido ante los "extraordinarios mensajeros" del movimiento. Wesley no concibió nunca la predicación laica, masculina o femenina, como un derecho que debía aprovecharse. Por el contrario, era una dádiva de Dios para algunas personas excepcionales, la cual debía ejercitarse con un profundo sentido de responsabilidad.

Sara Crosby recibe la aprobación

Aunque un buen número de las primeras mujeres se acercó notablemente a la predicación, la primera que recibió la autorización de Wesley fue Sara Crosby. Desafortunadamente, se sabe muy poco sobre los primeros años de la vida de esta significativa figura. Nació el 7 de noviembre de 1729, posiblemente en la vecindad de Leeds, y se convirtió el 29 de octubre de 1749. Una consecuencia de su conversión fue un ardiente deseo de proclamar su nueva fe a los demás. "Yo trabajo para persuadir a todo aquel con quien converso", afirmó, "para que vengan a Cristo, y le digo que hay amor, gozo y paz para todos aquellos que vienen a él".[1] En Londres, durante el invierno de 1749, escuchó predicar tanto a Whitefield como a Wesley. Se unió a la Sociedad de la Fundición en octubre del año siguiente, y en 1751 fue una muy decidida guía de clase.

El esposo de Sara, quien le había presentado los escritos de Wesley, la abandonó posiblemente el 2 de febrero de 1757, después de haber estado casados más o menos siete años. El siguiente mes de mayo, un nuevo capítulo se abrió en la vida de Sara. Conoció a María Bosanquet, con quien formó una de las más significativas alianzas del metodismo primitivo. María, una joven un tanto incomprensible para aquella época, buscó el consejo espiritual de su amiga metodista. "Yo recibí un mensaje de la señorita Furley (ahora señora Down)", recalcó más tarde, "que un día la señora Crosby iba a estar en su casa. Yo fui a conocerla en el espíritu y con la esperanza de verla orar".[2] La forma sencilla en que Sara presentaba su testimonio le granjeaba amigos al instante.

Un poco más adelante, en el verano, Sara se estableció en el Callejón de Christopher, en Moorfields, no muy lejos de la Fundición de Londres. Allí vivió con un círculo de mujeres, entre las que se encontraban la señora Sara Ryan, María Clark y, ocasionalmente, su nueva amiga María Bosanquet. El trabajo de estas mujeres entre los pobres y necesitados de Londres muy pronto se hizo famoso. En los años posteriores, a menudo María se refería a esta activa comunidad como su "pequeña Betel". Sara encontró que el trabajo entre los pobres era motivo de regocijo. En su opinión, cada persona a la que ayudaban era un nuevo amigo. Se sentía muy a gusto entre aquellos que hacían de su fe la ocupación principal de su vida.

Las actividades de la Sociedad de Londres intensificaron su ansiedad por exhortar a otros para que se arrepintieran y buscaran la fe. Desde luego, era obvio que este sentido de responsabilidad la había consumido.

Por causa del amor que siento por aquellos que sé que, como yo, están caídos de la justicia original, a menudo deseo ser el instrumento para hacerlos volver a Dios, y nunca estoy en paz, sino hasta que intento realizar este propósito dondequiera que yo esté.[3]

75

Nada de esto significa que la religión fuera un asunto fácil para Sara. Su experiencia espiritual se caracterizó por constantes altibajos. Su peregrinación refleja la realidad de su vida y la lucha por ser fiel en su discipulado. Pero mientras más profundo fue su conocimiento de la salvación, más fuerte fue su deseo de declarar la obra que Dios hace.

Después de asumir las responsabilidades de dirigir una clase, mientras oraba, Sara recibió una visión de Jesús. La experiencia dejó una profunda impresión en su alma. Jesús habló a su corazón con las mismas palabras con que habló a Pedro: "Alimenta mis ovejas", "Señor, lo haré como tú me dices que lo haga", respondió, "llevaré las ovejas en mi regazo, y con delicadeza guiaré a las inexpertas".[4] Pronto, otras experiencias confirmaron su llamamiento para que fuera pastora de ovejas. Nunca se satisfizo con la esperanza de ser "casi cristiana", como diría Wesley, y descubrió el gozo de ser "una cristiana completa". "Estoy decidida a ser toda del Señor", escribió en su libro de cartas durante un período de profundo despertar religioso, "sí, y mi Señor me ha tomado como suya para siempre".

Pronto, Sara se situó en el umbral de un nuevo ministerio. En 1761, un nuevo metodista muy diligente y su esposa se mudaron de Londres a Derby, con la expresa intención de formar una Sociedad metodista en este último sitio. Sara, emocionada con tan desafiante aventura, ofreció su ayuda. En la primera clase, el primer sábado de febrero, hubo veintisiete personas. Sara se sintió sobrecogida y casi avergonzada por los sucesos de la semana siguiente:

Domingo 8. Este día mi mente estaba tranquila, fija en Dios. En la tarde esperaba encontrar treinta personas en la clase, pero para mi gran sorpresa llegaron cerca de doscientos. Experimenté un extraordinario y dulce sentimiento de la presencia del Señor y mucho amor por la gente; pero, a la vez, me sentía conmovida en cuerpo y alma. Yo no estaba segura de si tenía derecho a exhortar en público, pero consideraba imposible reunir a toda esa gente mediante la conversación particular. Por tanto, distribuí un himno, oré y les dije parte de lo que el Señor había hecho por mí, para persuadirlos de que se alejaran de todo pecado.[5]

Sara sabía que ella se había acercado a lo que podía considerarse una predicación. Por eso, inmediatamente le escribió a su consejero espiritual para que la aconsejara. Wesley no pareció preocuparse demasiado, y aunque Sara le había escrito con gran urgencia, se tomó el tiempo necesario para contestarle. Mientras tanto, el viernes 13 de febrero, Sara se dirigió de nuevo a una considerable congregación y los resultados posteriores confirmaron lo que ella había resuelto en su corazón:

En la noche exhorté a casi doscientas personas para que abandonaran sus pecados y aceptaran la disposición de Cristo para salvarlos: ellos se reunieron como palomas en las ventanas, aunque todavía no teníamos un predicador, ¡Señor, seguramente tú tienes mucho pueblo en este lugar! Mi alma se sintió muy confortada al hablarle a la gente, porque mi Señor me había quitado todos los escrúpulos respecto a lo adecuado de mi actuación en público.[6]

La llegada de la carta de Wesley le trajo la confirmación total de su íntima convicción.

Londres, 14 de febrero de 1761

Mi querida hermana:

La señorita Bosanquet me entregó su carta del miércoles por la noche. Hasta hoy, no creo que usted haya ido demasiado lejos. Usted no podía haber hecho menos. Yo supongo que lo que puede hacer, cuando se encuentre de nuevo frente a la congregación, es decirles simplemente, "Ustedes me ponen en una gran dificultad. Los metodistas no permiten que las mujeres prediquen y no deseo asumir tal cargo. Pero deseo hacerles patente lo que está en mi corazón". En gran medida esto obviará la gran objeción y preparará la situación para la llegada de J. Hampson. No creo que usted haya quebrado ninguna ley. Continúe calmada y firmemente. Si hubiere tiempo, antes de dirigirles algunas palabras, puede leerles las Notas sobre cualquier capítulo o uno de los más conmovedores sermones, como otras mujeres lo hicieron hace mucho tiempo.[7]

El hecho de que Wesley aprobara las acciones de Sara Crosby señala el inicio de la aceptación de las mujeres predicadoras. Los más rigurosos conceptos eclesiásticos impidieron que en ese momento Wesley usara el término "predicador" en casos como el de Sara. Sin embargo, la sugerencia de que leyera la Escritura o sus notas sobre el Nuevo Testamento antes de que le hablara a una gran congregación, se acercaba peligrosamente a lo que técnicamente se consideraba predicación. De todos modos, Sara tomó el consejo de Wesley en cuanto a las prácticas de "otras mujeres hace mucho tiempo", como una inequívoca referencia a las actividades de su propia madre en la rectoría de Epworth y, el Viernes Santo, 20 de marzo, "con ocasión de que se encontraban varias personas reunidas, leyó un sermón y se fue a la cama cansada pero feliz en Dios".[8]

Aunque parecía que Wesley le había dicho a Sara que tenía todo el derecho de predicar, siempre y cuando ella no llamara predicación a sus actividades, es obvio que él todavía estaba luchando por encontrar bases bíblicas que claramente plantearan esa prohibición. Como en todas las circunstancias, su regla básica era tratar a cada persona o cada situación particular a la luz de las Escrituras. Él había tenido una situación particular a la luz de las Escrituras. Él había tenido una situación similar a la de Sara cuando analizó la experiencia de Graciela Walton. Aunque la carta de Wesley a esta última se ha dañado con el paso del tiempo, su mensaje es totalmente claro en la siguiente forma reconstruida:

Londres, 8 de septiembre de 1761

Si unas pocas personas más se acercan cuando tú estás en la reunión puedes alargarte cuatro o cinco minutos sobre la cuestión que has considerado o dar una breve exhortación (tal vez por cinco o seis minutos) y luego canta y ora. Esto es más de lo que yo creo que cualquier mujer debería hacer. Porque las palabras del Apóstol son claras. Yo creo, como siempre, que su significado es éste: "No tolero que una mujer predique en público a una congregación, ni tampoco que usurpe la autoridad de los hombres".[9]

Wesley interpreta rígidamente la Carta de Pablo a Timoteo. Y, de verdad, su nota sobre I Timoteo 2.13 va muy lejos cuando dice: "que la mujer era originalmente inferior". Aunque el legalismo de Wesley en cuanto a 1 Corintios 14.34 es claro y consecuente, en sus anotaciones sobre este versículo admite la posibilidad de excepciones:

"Procuren que las mujeres estén en silencio en las iglesias". A menos que ellas estén bajo un extraordinario impulso del Espíritu. "Porque", en otros casos, "no les es permitido hablar" –a título de maestras en las asambleas públicas. "Pero manténganse a sujeción" –al hombre cuyo adecuado oficio es dirigir e instruir a la congregación.[10]

Más tarde, para defender sus labores, las mujeres predicadoras le señalarían a Wesley sus propias palabras.

María Bosanquet y su pequeña familia

El avivamiento evangélico explotó al inicio de 1760. En abril de 1761 Sara Crosby regresó del trabajo pionero en Derby para colaborar en la expansión del metodismo en Londres. Una carta del 28 de enero de 1763, revela que ella estaba totalmente ocupada desde la segunda mitad del año anterior:

> *He estado cinco meses en Canterbury, lo que me ha beneficiado mucho y ha beneficiado a muchos otros. Entre la gente ha habido un avivamiento rápido y grande. Cuando tenga una oportunidad, le enviaré la copia del relato que el señor Wesley me pidió que le escribiera.*[11]

Su retorno le permitió renovar su vieja amistad con María y su círculo de compañeras.

María había nacido en una familia acaudalada, el 1 de setiembre de 1739, en Leytonstone, Essex, en las afueras de Londres. Una sirvienta de su familia la llevó al metodismo a temprana edad. A pesar de la fuerte oposición de su familia, comenzó a involucrarse en la Sociedad wesleyana. Poco después del primer encuentro con la señora Crosby, María conoció a la señora Sara Ryan, quien la tomó inmediatamente bajo su protección. "Mientras más converso con la señora Ryan", le confió María a su diario, "más descubro de la gloria de Dios que mora en ella, y me siento fuertemente atraída a considerarla como mi amiga del alma".[12] Mientras sus padres disfrutaban de un descanso en Scarborough, en 1757, María se sumergió en la vida de la Sociedad metodista.

Sara Ryan, su nueva amiga, era una guía espiritual en la Fundición, una de las más íntimas amigas de

Wesley y su fiel corresponsal. Nacida de padres pobres, el 24 de octubre de 1724, fue conmovida por la predicación de George Whitefield, cuando contaba diecisiete años. Después de oír a Wesley en Londres, se unió a la Sociedad de la Fundición y rápidamente ascendió en los rangos del metodismo. Las experiencias en su nuevo hogar espiritual entre los metodistas la capacitaron para sobreponerse a sus primeros años de privaciones. Wesley la escogió como su ama de llaves en Bristol, en 1757, una posición que demandaba su total confianza y una excepcional madurez en la fe. Bajo la administración de ella la Escuela Kingswood llegó a ser "lo que yo mucho tiempo había deseado que fuera", dijo Wesley, "una bendición para todos los que están dentro y honran a todo el cuerpo de metodistas".[13]

María Bosanquet, sin embargo, estaba destinada a ser la luz que guiaría a este círculo íntimo de amigos y discípulos comprometidos con Cristo. Cuando el odio de su familia hacia el metodismo se le hizo intolerable, María se mudó a Hoxton Square, donde alquiló dos habitaciones sin muebles. Allí se comprometió consigo misma a llevar a cabo un arriesgado plan de ministerio y servicio. Fijó toda su entereza en el ejemplo de Cristo y no permitió que nada la distrajera de una vida de fe que actúa por amor. La señora Ryan regresó de Bristol para ofrecerle su ayuda y cuidar su propia quebrantada salud. A pesar de su debilidad, "el alma gemela de María", como Wesley la llamaba, trabajó incansablemente al lado de su amiga en este cónclave semimonástico.

En 1763, estas dos mujeres expandieron su ministerio considerablemente. Para este entonces, planeaban mudarse a "Los Cedros", una gran casa en Leytonstone, que había quedado desocupada. El padre de María, dueño de la propiedad, no puso ninguna objeción, aunque sólo parcialmente se reconcilió con el nuevo estilo de vida de María. Bruscamente dio por terminada la transacción y le dijo: "Si una turba te tirara la casa encima, yo no podría mover un dedo para evitarlo". Y de esta manera, el 24 de marzo de 1763, la acaudalada y culta señorita Bosanquet y la señora Ryan, su antigua sirvienta doméstica, se mudaron temerariamente a Leytonstone. Su sueño era establecer un orfanato y escuela según el prototipo de Wesley en Kingswood. Era una gran visión. Nadie tenía mejores dones para el trabajo.

Wesley se mantuvo vigilante sobre el modelo de la comunidad cristiana. Esta combinó una vibrante piedad personal con un activo servicio social. Menos de un año después, Wesley expresó sus grandes esperanzas y expectativas en cuanto al progreso de la comunidad. "María Bosanquet me dio algo más que un relato de sus experiencias en Leytonstone. Es exactamente Pietas Hallensis en miniatura. Y lo que será todavía no se ve".[14] Y en verdad llegó a ser un santuario para los más desprovistos y faltos de amigos de las calles de Londres. De hecho, María y Sara decidieron no aceptar a nadie sino al menor y último perdido, en obediencia al mandato de Cristo.

Los niños que escogían a menudo llegaban "desnudos, llenos de parásitos, y algunos afligidos con moquillo". Al principio la familia la constituían María, Sara, una empleada y Sally Lawrence, la nieta huérfana de la señora Ryan. Con la llegada de cinco huérfanos más y ocupada en el problema de la quebrantada salud de la señora Ryan, Ana Tripp, una piadosa joven, se afianzó como la institutriz de los niños. Por sí mismas, estas mujeres conformaron una comunidad muy fuertemente unida. Adoptaron un uniforme de algodón púrpura oscuro y comían todas juntas ante una mesa de cinco yardas de largo. En el transcurso de cinco años protegieron y cuidaron a treinta y cinco niños y treinta y cuatro adultos. Y lo que en otras manos podía haberse convertido en una casa elegante, se volvió una escuela, un orfanato, un hospital y un hogar temporal para algunos de los más desposeídos de Londres.

La base de esta vibrante comunidad de fe era la oración y el estudio disciplinados. Los sencillos e informales actos de adoración pronto se expandieron más allá de lo que las mujeres encargadas de su dirección hubieran imaginado:

> *Para suplir la necesidad de los servicios públicos (a los que sólo podíamos asistir cuando íbamos a Londres), acordamos reunirnos una hora cada noche para ocuparnos en lecturas espirituales y oración. Una pobre mujer, con quien ya había hablado anteriormente, vino para averiguar si ella podía entrar cuando nosotros orábamos. Le dijimos que a las siete de la noche de cada martes ella sería bien recibida. Pronto trajo a dos o tres más, y estos a otros. En muy poco tiempo, aumentaron a veinticinco... Algunos pocos se ofendieron y no volvieron más, pero la mayoría continuó por su propia convicción. Les indicamos que se reunieran el miércoles por la noche y reservamos el martes para la reunión pública, que seguía aumentando. En esa reunión nosotras leíamos un capítulo sobre el que a veces discutíamos.*[15]

Las mujeres le solicitaron a Wesley que enviara un predicador, y su plan fue aprobado rápidamente. El siguiente domingo predicó el señor Murlin, y dos semanas más tarde ya se había formado una nueva Sociedad con veinticinco miembros. María y Sara continuaron con los servicios públicos de los miércoles por la noche. En ellos incluían la lectura y la exposición de las Escrituras. La oposición comenzó a desarrollarse, pero ellas continuaron reuniéndose. Con frecuencia, María se dirigía a grandes congregaciones que se reunían en "Los Cedros" con el deseo de alimentarse con la comida espiritual. Y puede ser que esta creciente tradición mantenida en Leytonstone, o los esfuerzos de otras mujeres a lo largo de toda Bretaña, haya sido lo que despertó el enojo de algunos colegas hombres.

Cuando la Conferencia anual de los predicadores ambulantes de Wesley se convocó en Manchester, el 20 de agosto de 1765, una de las cuestiones que se les planteó a los líderes se relacionaba con las prohibiciones paulinas en cuanto a las mujeres. Wesley se limitó a decir que era absolutamente necesario responder a la pregunta: "¿Cómo podemos animar a las mujeres para que hablen en los grupos, si es una vergüenza que ellas hablen en la iglesia?".

Yo niego: 1) que hablar aquí signifique algo más que hablar como un maestro público. Esto no lo podía tolerar San Pablo, porque implicaba "usurpar la autoridad sobre el hombre" (I Tim 2.12), pero no veo que ninguna autoridad ni de hombre ni mujer se usurpe por hablar ahora de esta cuestión. Yo niego, en segundo lugar, que iglesia en ese texto signifique únicamente la gran congregación.[16]

A pesar de la posición oficial de la Conferencia, Sara Crosby siguió acrecentando sus propios ministerios ambulantes, y Wesley, obviamente, no vio la necesidad de restringir las actividades de ella. Por el contrario, en las cartas que le dirigió, sus palabras eran siempre para animarla. Antes de la Conferencia de Manchester,

Sara había definido sus propios puntos de vista sobre este asunto y se los había hecho saber en una carta a un amigo, tal vez adelantándose a la discusión que se daría en Manchester:

> *Creo que estoy usando la poca fuerza que tengo para instruir a los ignorados, recuperar a los débiles y aliviar el dolor de aquellos que sufren en cuerpo y alma. De una u otra manera, generalmente estoy ocupada en alguna de estas tareas. No puedo imaginar, al respecto, ninguna omisión intencional. ¡El Señor me corrija cuando yo vaya extraviada!, a menos que mi silencio entre los hermanos constituya una acallada omisión. Sin embargo, cambié esa actitud hace algún tiempo y me he sentido bendecida cuando hablo. No creo que sea incorrecto que las mujeres hablen en público, con tal que hablen por el Espíritu de Dios.*[17]

Sara estaba siempre tan atareada con sus diferentes ministerios que es difícil determinar exactamente cuándo entró en relación con el orfanato de Leytonstone y las actividades de éste. Sin embargo, en septiembre de 1766, Wesley ya le enviaba cartas a la dirección del orfanato. De ahí en adelante, la vida de las tres mujeres, María y las dos Saras, se entrelazó de una manera imposible de separar. El 12 de febrero de 1767, Wesley se sentía profundamente satisfecho con el eficaz ministerio de la comunidad. "¡Oh, aquí tenemos una verdadera casa de Dios!", exclamó. "No solamente por la decencia y el orden, sino por la vida y el poder de la religión".[18]

En mayo de aquel año, algo desagradó a la señora Crosby y no envió ninguna noticia de sus actividades durante algún tiempo. Wesley le escribió desde Sligo para animarla a que redoblara el esfuerzo en su trabajo:

Espero que tu pequeña familia se conserve en paz y amor
y que tu propio ánimo prospere. Lo único que me preocupa
es si tú estás siendo útil en la medida de toda tu capacidad.
Pero mira adelante, al ungimiento que tienes de Dios, sé
obediente para seguir a dondequiera que Él te guíe y sabrás
discernir todas las cosas.[19]

En efecto, un poco más tarde, Sara y toda la familia de
Leytonstone sintieron que Dios los guiaba a un nuevo
y emocionante ministerio. María siempre había soñado
con vivir en una finca y cuidar a los niños en la quietud
del campo. El peso de las presiones económicas, el
deterioro de la salud de Sara Ryan y el llamamiento
de un despertador religioso en el norte de Inglaterra
señalaron la necesidad de un cambio. Una visita de
Ricardo Taylor y su oferta para restablecer el orfanato
de Yorkshire, parecieron ser una señal providencial. El
7 de junio de 1768, la "pequeña familia" salió para su
nuevo hogar, literalmente sin saber a dónde iban.

Realizaron el extenuado viaje al norte, a una tierra
extraña, desierta y escasamente poblada, que apenas
tenía algunos caminos y ninguna de las comodidades
de la llamada civilización. Sin embargo, Yorkshire
era uno de los florecientes centros del metodismo
primitivo. Albergaba cerca de un tercio de todas
las capillas metodistas, allá por 1770. Constituía en
verdad una comunidad de espíritus afines. La pequeña
compañía se estableció con los padres del señor Taylor
hasta principios de agosto, cuando encontraron una
casa confortable en Gildersome, en la sección oeste de
Yorkshire. Sin embargo, las esperanzas de María de que
el cambio de ambiente beneficiara a Sara Ryan no se
cumplieron, y el 17 de agosto de 1768 su "alma gemela"
murió, a la edad de cuarenta y tres años. El epitafio
original sobre su tumba en el campo de la vieja iglesia

en Leeds refleja el carácter y sencillez de una "que vivió y murió como una cristiana".

El nuevo hogar para el orfanato, una finca apropiadamente llamada Mansión de la Cruz, pronto se convirtió en un vital centro metodista de adoración y testimonio. Anteriormente, Sara Crosby había pasado algún tiempo en Yorkshire y varias personas a quienes sus palabras habían afectado profundamente decidieron reunirse regularmente con ellos en el servicio de oración de media semana. Como siempre, el ministerio de las mujeres, se expandió mucho más allá de lo que alguna vez hubieran soñado:

> *Uno tras otro rogaban por unirse a nuestros servicios del miércoles por la noche, y nuestro número creció a casi los cincuenta. Todos ellos deseaban ardiente o suavemente experimentar una nueva libertad. Cuando nuestro número se hizo casi excesivo (algunos comenzaron a llegar desde varias millas a la redonda), les aconsejé que los que se sintieran capaces se reunieran en grupos del mismo tipo cerca de su propia casa. Esto fue atendido con muchas bendiciones. A veces visitamos aquellas nuevas reuniones, y éstas crecieron y se expandieron tanto como las nuestras.*[20]

Wesley se mantenía todavía muy sensible al asunto de las mujeres predicadoras, aunque ya había pensado que la Mansión de la Cruz proveería para ellas algunas directrices más claras en cuanto a las actividades de las mujeres. Por tanto, le escribió a Sara desde Chester, el 18 de marzo de 1769:

> *Te aconsejo, como lo hice con Graciela Walton, 1) que ores en privado o en público tanto como puedas. 2) Aun en público tu puedes combinar adecuadamente breves exhortaciones con la oración; pero cuídate tanto como puedas de caer en lo que se llama predicación: por eso, nunca*

tomes un texto, nunca pronuncies un discurso continuo sin alguna pausa, más allá de cuatro o cinco minutos. Dile a la gente: "Tendremos otra reunión de oración a tal hora y en tal lugar". Si Hannah Harrison hubiera seguido estos consejos, habría sido útil y aún lo seguiría siendo.[21]

La posición de Wesley era clara. Tal y como les había advertido a los primeros predicadores laicos, ahora, tres décadas después, les advertía a las mujeres que evitaran lo que pudiera parecer "predicación". Los factores determinantes, como al principio, eran "tomar un texto" y "pronunciar un discurso continuo". Obviamente Wesley estaba preocupado por las actividades de Sara Crosby y María Bosanquet. Aunque simpatizaba cada día más con el trabajo que hacían, no estaba listo para modificar radicalmente sus puntos de vista conservadores, en cuanto a los derechos de ellas dentro de la iglesia. Todavía diferenciaba el testimonio y la exhortación de la predicación formal. Todavía creía que esa fina distinción podía evitar la objeción de los críticos y salvaguardar la integridad de su movimiento. Él lo sabía muy bien, claro está, por su experiencia con los predicadores laicos. En los años siguientes, la Mansión de la Cruz, la sede del trabajo pionero de las mujeres en el norte, se convirtió en el foco de las discusiones relacionadas con este potencialmente explosivo asunto.

Otras "mujeres benditas"

Otras mujeres buscaron cómo expresar su fe activa y abiertamente. Hannah Harrison, la inquieta joven predicadora acerca de la cual Wesley había manifestado su desaprobación, es un elocuente ejemplo. Descrita por Wesley mismo a estas alturas como una "mujer bendita", Hannah se dio a conocer como una dotada mediadora, casi sin comparación. En su casa en Beverly, ella intervino a favor de la mitad de los ambulantes o predicadores calamitas, como se dio en llamarlos, quienes frecuentemente eran asediados por las turbas furiosas. "Pareciera haber existido una particular providencia en la venida de Hannah Harrison a Beverly", observó Wesley, "especialmente en esa ocasión cuando deseábamos tanto la presencia de un pacificador; y era una promesa que Dios te negaría...".[22]

Muchos de los hechos relacionados con la vida de Hannah permanecen en el misterio. Ella era, indudablemente, nativa de York, que había nacido ahí en 1734.[23] Se había convertido con la predicación de Jonatán Maskew, en noviembre de 1750, y muy poco después experimentó una extraordinaria profundización de su fe, en una celebración de la Santa Cena. Luego, casi nada se sabe acerca de su ministerio. No se han conservado registros confiables de sus actividades. Pero indudablemente fue un instrumento en el establecimiento del metodismo en su tierra natal, York. Hay alguna prueba de que presidió numerosas reuniones públicas cerca de Malton. Quizás fue ahí donde ella falló en seguir "algunas pocas direcciones" de Wesley, lo cual la llevó a realizar algunas acciones que merecieron la condena de parte de aquél. No lo sabemos.

La señora Eliza Bennis, fundadora del metodismo en Waterford, fue la primera seguidora de Wesley en Limerick. Por muchos años, trabajó en muchísimas labores, aunque siempre fue conocida como "la asistente" de Wesley, en Irlanda. No cabe duda de que sus responsabilidades la llevaron a incontables situaciones en las que podía haberse sentido tentadora a predicar. Wesley la animó, por ejemplo, a que se encargara del trabajo de colaboradora con Ricardo Bourke, uno de sus fieles ambulantes irlandeses. Le expresó su esperanza de que ellos "se esforzarían fielmente para ayudarse unos a otros". "Recuerda que tú tienes un trabajo que hacer en la viña del Señor", le recalcó Wesley, "y mientras más ayudes a otros, más prosperará tu alma".[24]

De hecho, la señora Bennis supervisó las actividades del circuito. En una carta del 8 de julio de 1770, le aconsejó a Wesley:

> *Espero que no me creas presuntuosa al decir esto, pero encuentro que mi alma se constriñe por estas pobres ovejas... El hermano Bourke, ante mi petición, se ha llevado a Clonmel al circuito y no me cabe duda de que todo estará bien hecho allá; pero como esto ha causado una total alteración en el plan inicial para el circuito, tengo que pedirte perdón por mi intromisión si tu desapruebas lo hecho, podemos alterarlo de nuevo.*[25]

Lejos de castigarla por aquello, que alguien podría haber considerado una flagrante usurpación de autoridad por parte de una mujer, Wesley aprobó totalmente las modificaciones que ella había propuesto para el plan en el circuito y siguió buscando su consejo sobre todos los asuntos similares.

Más tarde, aquel mismo verano, a Wesley se le prohibió predicar en una parroquia, porque la congregación pensaba que él había permitido que una mujer predicara en Huddersfield. La alegada predicadora no era otra sino Sara Crosby. Sin embargo, Sara reclamó que solamente había celebrado la reunión de una clase y defendió su acción ante Wesley. El incidente nunca alcanzó suficiente importancia como para perturbar el ánimo de Wesley. Le confió a Sara que él tenía "suficientes lugares para predicar".

Sin embargo, al final del verano en 1770, estaba muy claro que la cuestión de la predicación por parte de las mujeres era un asunto que exigía inmediata atención de los dirigentes metodistas. Desde luego, Sara suponía que "nuestros predicadores presentarán el asunto en la Conferencia". Ella le expresó su gran inquietud al Señor Mayer, de quien muy bien se podía esperar "interés por lo que pasaba en la cabeza del movimiento". Desafortunadamente, no se conserva ningún registro de las deliberaciones de la Conferencia sobre este asunto. El papel de la mujer en el avivamiento wesleyano y particularmente el lugar de las mujeres que deseaban ser predicadoras quizás estaban claros en la mente de algunos dirigentes metodistas, pero no se tomó ningún acuerdo formal. El futuro de ellas dependía aún de la actitud de Wesley.

No importa cuán inocente haya sido el consejo de Wesley a una joven, la consecuencia radical de éste fue muy obvia para las mujeres que conscientemente aspiraban a cumplir con gran responsabilidad su vocación cristiana.

Hay un mandato que nuestro Señor continuamente nos recuerda – "¡Al que tiene le será dado". "Para que use lo que tiene!". Por tanto, habla cuando puedas; y ...tú hablarás como puedas. Habla y piensa con temor y dentro de poco tiempo hablarás sin ningún temor. ¡El amor hará desaparecer el temor![26]

El amor es una poderosa fuerza motivadora para aquellos que se sienten compelidos a proclamar el amor que ellos han experimentado en su vida. Si estas mujeres, en efecto, hubieran sido llamadas a predicar, ese llamamiento exigiría una más clara definición.

Capítulo seis
Mujeres extraordinarias
para tareas extraordinarias

uando el avivamiento evangélico se disipó, Wesley encontró serias dificultades para reconciliar las extraordinarias dimensiones de sus Sociedades con las estructuras ordinarias de la iglesia. Entre 1771 y 1780 el progresivo movimiento se desvió notable e inevitablemente hacia la independencia. Wesley hizo todos los esfuerzos posibles por marchar con los dirigentes del establecimiento religioso. Era un anglicano sincero. Amaba a la iglesia con todo su corazón y permaneció fiel a ella hasta el fin de su vida, pero sus ojos estaban tan fijos en su meta espiritual que se vio obligado a aislarse de esas filas.

La actitud de Wesley hacia las mujeres predicadoras cambió drásticamente durante este crítico período. Su experiencia con Sara Crosby, la década anterior, preparó el camino para las decisiones trascendentales. El se había movido cautelosamente con pasos mesurados, desde la discreta aprobación de las acciones de Sara en Derby, animándola a que practicara la exhortación hasta la calificada autorización de su ministerio total. Al inicio de los años de 1770, Wesley estaba listo para dar otro paso muy decisivo -muy cercano a la realización de su misión y que lo distanciaría de su amada iglesia.

Wesley define el llamamiento

Cada vez fue más claro para Wesley que, como consecuencia de un "llamamiento extraordinario", podía darse la presencia imprevista de una mujer predicadora y que él debía aceptarla. El trabajo de las mujeres en Mansión de la Cruz hizo más patente esta posibilidad. Durante el verano de 1771, María Bosanquet le escribió una larga carta a Wesley en relación con el trabajo que hacían en Yorshire. Esta es la primera defensa seria de la predicación por parte de mujeres en el metodismo. La carta de María destaca por su firmeza y prudente juicio. Basada en sus análisis de las escrituras, ella argumenta que ocasionalmente Dios llamó a las mujeres a predicar en situaciones extraordinarias.

Mansión de la Cruz, cerca de Leeds, 1771

Muy querido y honorable señor:

Varias han sido mis dudas para escribir, pero ninguna tan fuerte como para mantenerme en prolongado silencio ante usted y, por eso deseo hablarle libremente de un asunto particular. Deseo su consejo y dirección sobre un importante punto y saber si usted aprueba la forma en que yo lo comprendo.

Cuando pusimos la primera piedra en Layton, la hermana Ryan y yo comenzamos con pequeñas reuniones de oración y otras similares que resultaron muy productivas y bendecidas. Posteriormente, cuando llegamos a Yorkshire, la hemana Crosby y yo hicimos lo mismo -Dios estaba de nuestro lado y dio a conocer nuestro trabajo por los efectos en muchos lugares- pero varios objetaron lo que hacíamos.

Primera objeción. 2 Timoteo 2.12: Dejen que las mujeres aprendan en silencio, etc. Yo entiendo que el texto sólo significa que una mujer no tome la autoridad sobre su esposo, sino que esté en sujeción, y que no les enseñe a todos usurpando la autoridad, ni se entrometa con la disciplina de la iglesia en cuanto al orden o en cuanto a la regulación de cualquier asunto que competa a los hombres. Pero yo no entiendo que signifique que ella no puede convidar a los pecadores a que vengan a Jesús, o decir: "Ven, y te diré lo que Dios ha hecho por mi vida".

Segunda objeción. El Apóstol también dice en 1 Corintios 14.34: "Vean que las mujeres mantengan silencio", etc. Yo contesto: ¿No era hablar en referencia a alguna ocasión de disputa o contención? Así que la afirmación apostólica, "a ellas no se les permite hablar", aquí me parece que no implica más que como en la otra cita, que ellas no deben entrometerse con el gobierno de la iglesia. ¿No es así?

Tercera objeción. No solamente, sino que significa literalmente que no puede hablar inclusive con propósito de edificación, mientras se está en la iglesia o en medio de grupos donde adoran juntos hombres y mujeres.

Respuesta: Entonces ¿por qué se dice en 1 Corintios 11.5, "Cada mujer que predique o profetice con la cabeza descubierta, deshonra su cabeza? ¿Puede ella profetizar sin hablar? ¿o debe ella hablar, pero no para edificación?

Cuarta objeción. Ella puede hablar ocasionalmente, si experimenta un impulso extraordinario, pero nada más. Respuesta: ¿Con cuánta frecuencia debe ella sentirse bajo ese impulso? Tal vez ustedes dirán, dos o tres veces en su vida. Y quizás Dios diga dos o tres veces a la semana o al día; ¿y dónde encontraremos la norma para esto?

Quinta objeción. Pero es inconsecuente con la modestia que la religión cristiana exige en las mujeres que profesan la bondad. Respuesta: Puede ser y en realidad es doloroso pero, ¿no es verdad que la modestia cristiana se basa en dos particularidades – pureza y humildad? Primero, yo entiendo que consiste en eliminar todo acto, palabra y pensamiento que de algún modo infrinja la pureza que agrada a Dios. Segundo, al eliminar todo acto, palabra y pensamiento que de algún modo infrinja la humildad, conocemos perfectamente nuestro propio lugar y reconocemos a cada uno el suyo, tratamos de ser pequeños y desconocidos, tanto como la voluntad de Dios lo permite y, sencillamente, seguimos el orden dejando el hecho a Dios. Ahora yo no siento que María haya pecado contra alguna de estas directrices, o que al menos pueda ser acusada de inmodestia, cuando invitó a la ciudad entera a venir a Cristo. Tampoco creo que de la mujer mencionada en 2 Samuel 20 se pueda decir que pecó contra la modestia, aunque el general del ejército enemigo la llamó para conversar y luego ella fue a todo el pueblo para aconsejarlos, y por eso la ciudad se salvó. Tampoco creo que Débora hiciera lo incorrecto cuando públicamente declaró el mensaje del Señor y luego acompaño a Barac a la guerra, porque las manos de él desmayaban si iba sin ella.

Sexta objeción. Pero todos estos fueron llamamientos extraordinarios, ¿y dirías tú que tu llamamiento es del tipo extraordinario? Respuesta: Si yo no lo creyera así, no actuaría de una manera extraordinaria- y alabo a Dios y lo siento muy cerca y he probado su fidelidad cada día.

María Bosanquet[1]

Esta carta impresionó gratamente a Wesley y facilitó una declaración definitiva de parte del guía espiritual de María. En su respuesta, Wesley defiende la naturaleza legítima del extraordinario llamamiento de María. Afirma un precedente apostólico tanto para las "innovadoras" actividades de ella como para las irregularidades en general de los metodistas:

Londonderry, 13 de junio de 1771 Mi querida hermana:

Creo que la fuerza de la causa radica ahí, en el hecho de tener un extraordinario llamamiento. Por eso, yo estoy persuadido de que cada uno de nuestros predicadores laicos lo tiene: de otra manera, yo no podría apoyar o favorecer la predicación de todos ellos. Para mí está muy claro que el trabajo total de Dios define que el metodismo es una extraordinaria dispensación de Su providencia. Por tanto, no me extraña si varias cosas que no caben dentro de las reglas ordinarias de la disciplina ocurren dentro de él. La regla ordinaria de San Pablo era: "No permito que una mujer hable en la congregación". Pero en casos extraordinarios él hizo algunas excepciones, como en Corinto. [2]

En una carta para respaldar a Sara Crosby, Wesley sugiere que ella "tome un texto" dondequiera que se sienta llamada a dirigirse a una gran congregación. De este modo, el último obstáculo formal para la predicación quedaba totalmente eliminado. Wesley continúa: "Haciendo ciertas observaciones que pueden ser útiles para cualquier otra forma de hablar".[3] En una carta posterior claramente se dirige a Sara como a una cotrabajadora con Cristo en un común ministerio.

Espero que siempre tengas tu tiempo totalmente lleno. Y así será, a menos que te hayas cansado de hacer el bien. ¿O no es abundante todavía la cosecha? ¿Tenemos todavía un campo de acción más grande? ¿Y pasaremos todo el día o parte de él complemente ociosos? De esa manera estaríamos equivocados para con nuestros vecinos y para con nuestras propias almas.[4]

En otro fragmento de esta misma carta, Wesley reitera el principio de un "llamamiento extraordinario". Mientras los cuáqueros llanamente negaban la regla establecida por San Pablo, él mantenía que "nosotros seguimos la regla, pero creemos que admite ciertas excepciones".

María Stokes, una acreditada dirigente metodista de Bristol. El historiador cuáquero, Rufus Jones, la describió como "una de las mujeres predicadoras más grandes y más influyentes del siglo XVIII".[5] Ella poseía excepcionales dones para el ministerio. Su predicación era equilibrada y vibrante. En cada sermón intentaba comunicar tanto lo que Cristo ha hecho por nosotros como lo que el Espíritu está haciendo dentro de nosotros. La calidad dinámica de su predicación -un legado heredado de su pasado metodista que ella llevaba consigo- agregó una nueva nota en la predicación cuáquera. Lo que el metodismo perdió, el cuaquerismo lo ganó.

Wesley, en efecto, nunca dio el paso final para ver la predicación hecha por las mujeres como una práctica ordinaria dentro de la vida de la iglesia. Cada mujer que reclamaba poseer un llamamiento extraordinario para proclamar el evangelio era juzgada según sus propios méritos. Solamente que, como en el caso de los predicadores laicos, Wesley evaluó el llamamiento con base en los dones, la gracia y los frutos. Más aún, Wesley mantuvo un estricto control sobre las actividades de las mujeres que aspiraban a ser predicadoras. Si los asuntos se le iban de las manos, actuaba rápidamente para restablecer el equilibrio. "Yo deseo, señor Peacock, ponerle punto final a la predicación de las mujeres en su circuito", le escribió enérgicamente a Jorge Robinson, en 1780. "Si esto fuera tolerado, crecería y no sabríamos dónde iría a parar".[6]

En esta situación, Wesley estaba contestando a una serie de circunstancias específicas. Lo que parece ser una clara prohibición, en realidad es una reafirmación de la creencia básica de Wesley en un ministerio extraordinario -una manifestación de la naturaleza excepcional del movimiento metodista. Él nunca cedió a que lo excepcional se hiciera una regla general. Este era un principio básico de la eclesiología de Wesley. Él se daba cuenta de que estaba caminando en una cuerda floja, y estaba satisfecho de vivir dentro del contexto de los peligros. Pero, cómo podía admitir a las Crosby y las Bosanquets en este círculo de colegas y prohibir el ministerio de otras "extraordinarias mensajeras" a quienes les ocurrió que fueran mujeres? Él continuó luchando con este asunto. Los casos extraordinarios, sin embargo, se dieron más frecuentemente de lo que Wesley había imaginado. A lo largo del transcurso de la década, el número de mujeres predicadoras creció rápidamente. Ellas ejercieron su influencia en todas las islas británicas. Las compuertas se abrieron.

Un círculo cada vez más amplio

Por la misma época cuando las mujeres de la Mansión de la Cruz habían consultado a Wesley acerca del trabajo que ellas realizaban, Ana Gilbert comenzó a predicar en su nativa Cornwall. "Un fruto bendito del trabajo que Dios ha forjado en mí", le confió ella a su diario, "era un inusual interés en la salvación de los pobres pecadores".[7] Cuando se le pidió que se dirigiera a una reunión de jóvenes, ella dijo que "estaba llena de la paz y el amor de Dios, que no podría hacer otra cosa sino exhortarlos e invitarlos al arrepentimiento". Poco después, consultó a Wesley sobre el asunto de su discurso en público. Después de escuchar su testimonio, Wesley informó haberle dicho, con un estilo característico afable: "Hermana, haga todo el bien que usted pueda".

Zacarías Taft relata una interesante anécdota del ministerio de Ana en Cornwall:

> *Me han informado que a pesar de que se oponen a la predicación de las mujeres, los predicadores que fueron seleccionados para este circuito muy pronto se convencieron de que Ana Gilbert era eminentemente santa y útil. Pero en una ocasión le informaron a Ana que el nuevo predicador había externado que él la silenciaría... y su respuesta al*

oído había sido ésta: "si el señor... puede producir más convertidos que yo, yo me daré por vencida".[8]

Los predicadores ambulantes de Wesley pronto se convencieron del llamamiento de Ana y sabiamente se retractaron de su oposición. De hecho, el mismo Wesley ayudó a que las capillas metodistas del oeste de Cornwall se abrieran al ministerio de ella.

En una carta a María Barritt, uno de los "hijos espirituales" de Wesley ofreció este único relato como testigo ocular del ministerio de Ana:

> *Tuve el placer de escuchar a la señora Ana Gilbert en la Capilla en Redruth, cuando predicó a unas 1400 personas. Ella manifestó un torrente de dulce elocuencia, que hizo que toda la congregación se sintiera sacudida y rompiera en llanto. Y lo más impresionante fue que ella estaba casi ciega y así había estado por muchos años.*[9]

En Irlanda, Eliza Bennis continuó buscando el consejo de Wesley en cuanto al desarrollo del trabajo en ese lugar. Y estos fueron días muy halagüeños para el metodismo irlandés. Durante este período de profunda renovación religiosa, Margarita Davidson surgió como la primera mujer predicadora irlandesa. Había vencido enormes obstáculos en su peregrinaje de fe. Su ceguera y desfiguramiento físicos se convirtieron en las marcas de un discipulado responsable en un mundo dislocado. El primero de mayo de 1765, escuchó a Wesley predicar en un servicio en Newtownards. Esa experiencia y su encuentro personal con Wesley, moldearon el resto de su vida. "Después de predicar", recalca ella, "él me tomó gentilmente de la mano y me dijo: ¡No desmayes, sigue adelante y le verás en la gloria! Estas palabras dejaron una impresión indeleble en mi mente".[10]

Fue en Lisburn donde ella comenzó a poner en práctica los extraordinarios dones que poseía. Visitaba a su vecindario, le predicaba y ocasionalmente asistía a los servicios públicos. Tímida y modesta por naturaleza, no deseaba causar la mínima molestia. Se comportaba muy cuidadosa y, como ella misma decía, "nunca pretendía exhibirme como una exhortadora y mucho menos dar ocasión a que alguien dijera que ella se atribuía el carácter de predicadora, lo que podría herir la causa de Dios".[11] Sin embargo, durante el verano de 1769-70, se vio envuelta en el gran avivamiento que tuvo lugar en Ballinderry. Y, una vez más, en 1776, prendió la llama espiritual que correría por toda la comunidad de Ballyculter.

Aquel mismo año, en Derryaghy, Margarita conoció al reverendo Smyth y a su esposa. En una reunión en Dunsford y por insistencia del Reverendo Smyth, dirigió la asamblea. Los efectos de su claro intelecto y prodigiosa memoria, su gran fluidez y fervor al hablar y la sencillez de su testimonio se hicieron sentir de inmediato. Smyth le aconsejó que se quedara y trabajara entre la gente. Y las reuniones regulares de las noches se reordenaron y muchos se congregaban para escuchar la eficaz predicación de esta mensajera de Dios, víctima de una ceguera física total. Al cabo de un mes, no menos de un centenar de personas había experimentado un poderoso despertar espiritual en su vida.

Según Margarita, su acercamiento general para predicar era destacar los temas de la Escritura, primeramente por medio de los himnos wesleyanos que en ese entonces ya eran muy populares. Antes de salir de la localidad, Margarita estableció nuevas clases, nuevos grupos y nuevas sociedades por todo el distrito. Estaba inundada de invitaciones para que predicara y fomentara el desarrollo de las sociedades metodistas en otros sitios. A pesar de su ceguera, hasta el fin de sus días se las arregló para viajar al menos algunas semanas cada año.

En algún momento, durante el inicio de 1770, Elizabeth Hurrel se unió al muy hermanado círculo de mujeres predicadoras en York-shire. Predicaba con la aprobación de Wesley y su itinerario la llevó por todos los condados del norte de Yorkshire, Lancashire y Derby-shire. Muy pronto su ministerio se vio lleno de grandes exigencias. En una carta a Sara Crosby, revela algo de su recargada agenda:

> Con la ayuda de Dios, llegué el sábado, tengo un trabajo de tiempo completo y creo que es la voluntad del Señor que yo esté aquí por una temporada; pero ahora descanso satisfecha y espero la dirección del Señor.
>
> Si nada lo impide, pretendo ir de aquí a Sheffield, Doncaster y York, parar un momento en Pocklington, Beverley y Driffield y de ahí marchar a Scarborough. Finalmente, a donde el Señor le plazca conducirme.[12]

Zacarías Taft declara que la predicación de Margarita "frecuentemente manifestaba tal fuerza de pensamiento y tal expresión de felicidad, que era impresionantemente irresistible".[13] Por sus sorprendentes talentos y la impresionante respuesta que siempre recibía de la gente, era casi una amenaza para muchos de sus colegas hombres. Su trabajo, en efecto, se convirtió en el centro de una acalorada controversia entre los predicadores de Wesley en el norte. En este debate, en el cual las tensiones pronto ascendieron, es obvio que de nuevo estaba sobre la mesa el asunto de las mujeres predicadoras. Elizabeth parece haber tenido una confrontación directa con José Benson, el recién designado asistente de Wesley en New-castle y feroz antagonista de las mujeres predicadoras.

El contenido de una violenta carta manuscrita de Benson ilustra la seriedad de los sentimientos entre algunos de los predicadores sobre este explosivo asunto. El destinatario planeado era, indudablemente, uno de los predicadores ambulantes de Wesley, que simpatizaba con la causa de las mujeres predicadoras, muy probablemente Roberto Empringham. Escribe Benson:

Pasando a otras cosas menos materiales, me apresuro a asegurarte que estoy sumamente preocupado porque no ves más allá ni consideras que de esto puede resultar que cualquier mujer tome tu lugar en el púlpito. Y tal acción es contraria a "la conciencia", según las exigencias del Apóstol Pablo, en cuanto a la "absoluta necesidad de imponerle silencio a las mujeres en la congregación". Resulta inexcusable cualquier transgresión a esta regla.

Es una vergüenza, es indecente e indecoroso para la modestia del sexo que una mujer hable en la iglesia. ¡Las acciones de las mujeres y predicadoras colocan su alma en serio peligro!

Ahora, querido amigo, ¿puedes decirme por qué estos que pretenden hacer a un lado este mandamiento del Señor, no hacen lo mismo con todos los otros mandamientos divinos? ¿Puedes decirme qué garantiza que estas intrépidas mujeres, que parecen haberse despojado del principal adorno de su sexo, es decir, la castidad y humilde modestia y se han mostrado sin vergüenza, no cometerán fornicación y adulterio, no se emborracharán y maldecirán?... Ellas tienen suficiente desfachatez como para subir al púlpito y arengar a una congregación mixta, reunida por una hora, cuando Dios mismo les ha prohibido hablar de esa manera (como medio de enseñar) en una asamblea pública.

Benson no podía discernir ninguna otra motivación en las mujeres sino "orgullo, egoísmo y un desmedido interés por su propio honor".

¿Por qué debe la presente ser diferente de cualquier otra?
Dios estableció predicadores del sexo superior para declarar
su evangelio.

Y por qué iba a permitir que aquellas "que nunca están contentas con la condición que Dios les ha asignado, sino que siempre están tratando de usurpar la autoridad sobre los hombres", distorsionen el orden de Dios. Temeroso de lo peor, Benson concluye su arenga con una palabra de precaución dirigida a los líderes del movimiento metodista:

> *Yo deseo que el señor Wesley y los demás hermanos consideren este asunto con toda seriedad. Es el momento oportuno para hacerlo. Si se pasa por alto, dentro de pocos años tendremos tantas mujeres predicadoras que (me atrevo a decir) superarán a los hombres... y los sexos cambiarán lugares: la mujer será la cabeza del hombre, casi todos los hombres aprenderán en sujeción y las mujeres enseñarán con autoridad! ¡Estas situaciones no pueden ser![14]*

Benson era el portavoz de muchos que estaban aterrorizados por la ampliación de la esfera de actividades por parte de las mujeres dentro de la vida del movimiento. Las cuestiones de la autoridad, el poder y la posición social conformaban generalmente las actitudes y acciones de los dirigentes. La animosidad personal estaba permeando rápidamente las estructuras impersonales de la institución. Y la institución no solamente puede usarse como un instrumento de represión, sino que puede convertirse en una peligrosa arma en las manos de autócratas vengativos. Las heridas provocadas por miembros de la familia, por decirlo así, fueron especialmente dolorosas y difíciles de sobrellevar para las mujeres.

Pero las mujeres predicadoras siempre estuvieron en peligro, tanto desde dentro como desde afuera. En repetidas ocasiones la turba le lanzó barro a Madame Perrott cuando ella se paró a predicar. Frecuentemente sus oyentes fueron rudos y crueles. "Cuando llegue la ocasión oportuna tomen su cruz y peleen", amonesta Wesley a María Bishop, "Habla, aunque esto te produzca pena y dolor".[15] Cada vez que una mujer predicaba, se enfrentaba al peligro. Ellas lo sabían y Wesley también. El reconocía los peligros pero también veía las posibilidades de construir el nuevo orden de Dios por medio de las mujeres. "Yo lamento que cada joven piadosa no sea todo lo activa que podría ser", exclamó en una ocasión.[16] Fue en la mitad de la persecución que él aconsejó a su fiel asistente en Limerich, Eliza Bennis: "¡Anda y hazlo! No pierdas tiempo. No dejes que tu talento se oxide: procura ganar diez más y eso sólo es posible si tú lo usas".[17]

"Mujeres de Israel" en Yorkshire

María Bosanquet, Sara Crosby y Betsy Hurrell obviamente nunca supieron el significado de la palabra desocupación. Sus talentos nunca estuvieron en peligro de oxidarse. Aunque el primer texto registrado –"Oh, Nabucodonosor, no tenemos tiempo para contestarte sobre este asunto"- pudo haber perdido fácilmente su significado por su propia oscuridad, se sabe que la predicación de María en aquella ocasión fue directa, poderosa y eficaz.[18] Cuando Ricardo Waddy oyó a María predicar en Bath, él "sintió la fuerza necesaria para rendir toda su vida a Dios, en una forma como nunca lo había hecho antes".[19] María no desperdiciaba ninguna oportunidad para hacer el bien. Era disciplinada y responsable ante el llamamiento de Dios en su vida.

Pero esto no significaba que estuviera exenta de la duda, el conflicto o la ansiedad.

El 17 de diciembre de 1773, confió a su diario personal:

> *El viernes pasado fui a Leeds para celebrar algunas clases. ¡Oh, cuánto sufrí por cada sesión que me propuse llevar a cabo ¡El enemigo me siguió fuertemente y me asedió con temores y desánimos que realmente no puedo expresar. Sin embargo, me decidí a ir, y dejé la acción en manos de Dios.*[20]

En un momento de su ministerio, hablar en público le creó tal ansiedad que decidió apartarse un día completo en oración, para determinar qué debía hacer. Las reflexiones de aquel día revelaron la intensidad de su angustia:

> *No puedo expresar todo lo que sufrí; es solamente conocer a Dios lo que me esfuerza a seguir adelante en este asunto. ¡Señor, dame mayor humildad y entonces no me preocuparé por nada sino por ti! Hay muchas razones para sentir que esto es una verdadera cruz. El otro día, alguien me dijo que "¡él estaba seguro de que yo debía ser una mujer desvergonzada, sin modestia y que estaba seguro que yo actuaba de esa forma!". ¡Ah, qué orgullosa estaría la naturaleza de descubrirlo¡ ¡Tú, Señor, no lo exiges así!"*[21]

El fruto de su trabajo, sin embargo, fue una continua confirmación de su llamamiento. En la mitad de su intensa lucha, ella era capaz de proclamar:

> *Estaba perfectamente convencida de que Dios me había traído a Yorkshire y de que tenía un mensaje para este pueblo; de que a pesar de que las tinieblas me rodeaban, yo estaba en el lugar exacto donde Dios quería que estuviera.*[22]

Su responsable discipulado y el mutuo apoyo, tanto de hermanos como de hermanas en la fe, proveyeron la confirmación que ella necesitaba para continuar en su extraordinario ministerio.

Uno de los más significativos días en la vida de María fue el 17 de setiembre de 1776. Aquel día ella les predicó a varios miles de personas en Goker y Huddersfield. Su vívido relato de la experiencia es una de las más detalladas descripciones de una mujer predicadora en la renovación wesleyana:

> *El sábado pasado en la mañana, fui a Goker, según el compomiso contraído. Me levanté temprano y me sentí rebosante de salud. El día era hermoso, aunque un poco más caliente que de costumbre. Cerca de las once llegué a Huddersfield y llamé a la señora H. Ella me había preguntado si quería hospedarme ahí a mi regreso y celebrar una reunión en la que podría decir cuanto yo quisiera, porque no habría un predicador ahí aquel día. Sentí inmediatamente la presión del pueblo en mi alma, que tenía un mensaje para aquel lugar y dije: "Si el Señor lo permite, yo lo haré". Ella respondió: "Nosotros lo anunciaremos para el mediodía". Y continuamos el plan. Benjamín Cock salió a encontrarnos y gentilmente nos condujo por los sinuosos caminos.*
>
> *Cuando llegamos a la cabaña, ¡todo estaba tan limpio y había comida suficiente como para veinte personas! Pero yo estaba tan acalorada por el viaje (alrededor de veinte millas) y por el fuego sobre el cual habían cocinado tan liberalmente para nosotros, que no podía comer. El que yo no tomara nada excepto agua pareció preocuparles un poquito. Me explicaron que la reunión se había anunciado en muchos sitios y creían que podríamos contar con dos o tres mil personas. Yo no lo creí, pero en realidad había un número considerable y era tal la multitud que yo tenía miedo inclusive a verla.*
>
> *A la una fuimos a un sitio rocoso; un lugar tan agreste que no puedo describirlo. La muchedumbre que estaba a nuestro alrededor era tan grande que los que deseaban estar*

de primeros en la explanada donde nos íbamos a reunir accidentalmente habían hecho rodar enormes piedras por entre la gente que estaba detrás de nosotros y tuvimos temor de que hubiéramos cometido un error al escoger el sitio. Bendito sea Dios, ninguno salió lastimado. Comencé a pasar entre ellos, hacia la cima de la colina, sin saber si lo lograría. Dos veces la multitud me empujó hacia abajo, pero me incorporé ilesa. Paramos en la orilla de una espaciosa explanada, totalmente rodeados de gente que con dificultad se mantenía callada. Yo inicié el himno "El Señor preparará mi mesa" y cuando ellos se tranquilizaron un poco me sentí en libertad de hablarles y creo que la mayoría escuchó.

Cuando regresamos a la casa, muchísimos nos siguieron y la llenaron tanto que no podíamos movernos. Conversé con ellos, pero no recibí mayor respuesta. Permanecían estupefactos y parecía como si nunca se iban a sentir satisfechos. Muchos lloraban y preguntaban: "¿Cuándo volverá usted?".

Salimos luego de Huddersfield. Me sentía muy fatigada y comencé a pensar qué podría hacer para ser capaz de proclamar el mensaje ahí. Mientras nos alejábamos, el hermano Taylor dijo: "Creo que debo decirle lo que siento en el corazón. Quisiera que atravesáramos Huddersfield y no paráramos, porque sé que hay algunos que no simpatizan con la idea de que mujeres prediquen entre ellos, y temo que usted encuentre situaciones muy desagradables". Yo busqué al Señor y recibí de él la siguiente indicación: si tengo una palabra para hablar en nombre de Él, El preparará mi camino y, si no la tengo realmente, las puertas se cerrarán.

Cuando llegamos, pocos de los dirigentes tuvieron alguna objeción y la gente acudió muy dispuesta. Además, como la reunión se había anunciado para el mediodía, habían gran cantidad de extranjeros, a quienes no hubiera sido aconsejable desanimar. Se acordó, entonces, que tendríamos la reunión en la casa, donde ellos generalmente oían la predicación, pero cuando llegamos la muchedumbre eran tan grande y el lugar tan caliente, que tuve temor de que no podría hablarles a todos. Me puse de pie y dejé todo a Dios. Un amigo dirigió un himno, durante el cual algunos se desmayaron.

El hermano Taylor dijo: "Yo creo que nos es imposible permanecer dentro de las puertas: la gente no puede soportar el calor y son más los que están afuera que los que estamos adentro". Entonces salimos. Mi cabeza se desvanecía por el calor; apenas me daba cuenta de por donde caminaba, pero la gente me llevó hasta que paramos en una caballeriza, al lado de la calle, colocada contra un muro, que tenía un amplio espacio abierto al frente. Me coloqué en ese lugar e hice público: "Vengan, ustedes pecadores, pobres y necesitados". Mientras la gente cantaba el himno, experimenté una renovada convicción de que hablaba en el nombre del Señor. Mi fortaleza física parecía aumentar cada momento. No sentía cansancio y mi voz era más fuerte que en la mañana, mientras dirigía estas palabras: "El Señor es nuestro juez, el Señor es nuestro legislador, el Señor es nuestro rey; él nos salvará". Con profunda solemnidad me fijé en cada cara. No se oía ni una tos, ni el menor movimiento, a pesar del gran número de reunidos. Rara vez había visto un momento tan solemne; mi voz estaba suficientemente clara como para alcanzar a todos, y cuando concluimos me sentía más fuerte que cuando comenzamos.[23]

Muchos de los amigos de María le aconsejaron que adquiriera la condición de predicadora viajera, pero ella no creyó que ese fuera su llamamiento. Otros le sugirieron que se hiciera una mujer predicadora entre los cuáqueros. Pero María amaba a los metodistas y pasó mucho tiempo desde que decidió "pegarse a ellos como una sanguijuela", sin importarle las consecuencias. Su respuesta a los críticos metodistas fue mesurada y clara: "No hago nada, sino lo que el señor Wesley aprueba; y cuando algunos me lanzan reproches, no puedo sino ir calladamente adelante y decir: ¡Yo seré todavía más vil, si mi Señor así lo quiere!".[24]

Durante este mismo tiempo, Sara Crosby comenzó una impetuosa campaña por toda la intransitable Yorkshire, sus páramos y valles. Y así comenzó un capítulo de largos viajes que continuaron por unos veinte años. No era raro para ella celebrar cuatro reuniones al día y hablarles a unas quinientas personas que se reunían ansiosas de escuchar su prédica. Su diario ofrece un vistazo de un día ordinario:

A las cinco pasé una hora con todos los que habían venido –tuve una reunión muy solemne en la casa de predicación, a las ocho y treinta; creí que sería un hermoso momento, y así fue. La gente vino de muchos sitios vecinos. Por una hora, cuatrocientas o quinientas personas se mantuvieron reunidas, y tuvimos un hermoso rato delante de la presencia de Dios. Me fui a la clase a las cinco y celebré otra reunión a las siete –hubo más gente que en la anterior-. Yo estaba profundamente sorprendida de la fortaleza física que el Señor me permitía disfrutar; sé que él es quien hace todo esto.[25]

Con frecuencia Sara acompañaba a Wesley en sus viajes por los condados del norte. En una ocasión, dejó a su "querido padre en el evangelio" en Scarborough y se aventuró sola en una campaña de tres semanas que la llevó por Guisborough, Newton, Stokesley, Potto, Bransdale, Highton-Dale, Guillamore, Lastingham, Bilsdale y Northallerton. En cada parada, los lugareños se mostraban ansiosos por su llegada. En su diario, María Holder recuerda la emoción que se creaba antes de su llegada:

Después de algunos meses, la señora Crosby vino de nuevo a Scarborough y la señorita Hurrel llegó con ella; ambas fueron el instrumento para que muchos se congregaran en la casa de Dios. Pública y privadamente sus labores constituyeron una bendición para un gran número de preciosas almas, tanto en la ciudad como en el campo. La señora Crosby siguió viniendo a Whitby varias veces por algunos años. Se quedaba con nosotros en la casa de mi padre muchas semanas, y era un modelo de santidad en todo tipo de conversaciones. Su vida y acciones de amor fueron de gran beneficio a muchas almas y yo bendigo a Dios porque constantemente estuve cerca de ella... su consejo, censura, instrucción y ejemplo fueron dados siempre con el fin de ser profundamente útil.[26]

Cerca del regreso a su centro de operaciones en la Mansión de la Cruz, en diciembre de 1774, su horario casi no había disminuido, a pesar de lo duro de los meses del invierno. En Bradford, fue tan grande la multitud que se reunió de "cuáqueros, bautistas, allegados a la iglesia y metodistas" que tuvieron miedo de que se rompieran las galerías de la casa donde se celebraba la reunión. Sara se sentía muy humilde ante aquella experiencia:

El domingo en la tarde, mientras yo estaba de pie en la gran casa de predicación, rodeada de arriba abajo por cerca de dos mil almas, mi buen Señor, que nunca abandona a quienes confían en él, trajo a mi memoria la ocasión cuando me mostró que si antes del fin de mi vida yo les hablaba a tantas almas como me fuera posible, todas estas personas serían apenas un puñado comparadas con toda la población del mundo.[27]

En la mitad de estos trabajos y habiendo predicado en capillas, casas, establos y al aire libre, en el calor del verano y en el frío extremo del invierno, Sara dijo: "Yo estaba tan segura de que mi Señor me iba a emplear y que haría su voluntad, como lo estaba de mi propia vida". El último día de 1777, sumó su recorrido de actividades du- rante el año:

Tú me has capacitado, desde el primero de enero pasado hasta el cuatro de este mes de diciembre, para recorrer

960 millas, celebrar 220 reuniones públicas, en muchas de las cuales varios cientos de preciosas vidas llegaron a ti; tuve cerca de 600 reuniones privadas y escribí 116 cartas, muchas de las cuales fueron sumamente largas y, además, tuve innumerables conversaciones privadas, de las cuales tengo la esperanza que los efectos serán "como pan echado sobre las aguas". Toda la gloria sea para El, que ha fortalecido a este pobre gusano.[28]

El éxito de Sara Crosby y su influencia son incuestionables. La impresión que dejó en la mente de sus oyentes fue profunda. Frances Mortimer la oyó predicar el primero de diciembre de 1774:

La señora Crosby expuso el capítulo 13 de la Primera Epístola a los Corintios. Explicó las características de la caridad divina y el amor, con una sencillez que yo no había escuchado jamás. Su corazón y sus palabras actuaron armonizados. Cada oración era impresionante y llevaba convicción al corazón. ...mi alma anhelaba aquel amor, del cual ella hablaba de manera tan deleitosa.[29]

Su fama como una de las más dotadas predicadoras de la época la precedía a donde quiera que iba. Sara le describe la relación esencial entre su experiencia personal del amor de Dios y su llamamiento a proclamarlo a otra aspirante a predicadora:

Yo espero, mi querida amiga, que te sientas feliz de oír que nuestro Señor continúa derramando su espíritu entre nosotros... y que lo asombroso, aun para nosotros mismos, es que nuestro Señor está haciendo una obra maravillosa y extraordinaria por medio de instrumentos sencillos.

De mí misma, querida, yo no sé qué decir, pero el inconmensurable consuelo inunda y capacita mi propio transportado corazón. Porque El renueva mi fortaleza como la de las águilas. Yo vivo en un santo anonadamiento delante de mi Dios, mientras El llena mi vida de poder

divino y de sencillez, como la de un niño, y nunca antes
me sentí tan constantemente llena de amor. En realidad,
mi Señor me mostró una razón por la que atendí la voz
que me dijo: muéstrales la paz; ayúdales a mantener la
felicidad. (Aunque no puedas agradarles siempre). Pero
El ahora me prohibe esconder su luz y ponerla debajo de
la mesa. Y mientras más sencillamente testifico para Dios,
más testifica él a mi corazón y a otros también. Gloria sea
a su bendito nombre para siempre. "Oh, permitan que mi
boca se llene con alabanzas, mientras todo el día yo publico
de su gracia".[30]

A pesar del muy difundido prejuicio contra las mujeres
predicadoras, Sara estaba cada vez más convencida de
que siempre debía aumentar su talento:

Tuve un hermoso momento y una casa llena de gente. En la
tarde fui a la cima de una colina, y mientras oraba a solas
me sentía muy segura de que yo haría la voluntad bendita
de mi Señor si iba entre la gente, que ninguna voz externa
hubiera podido fortalecer más mi profunda convicción. Mi
espíritu descansa en los brazos del amor divino.[31]

Muchos de los dirigentes de la renovación wesleyana
admiraban y aprobaban el trabajo de "estas mujeres
de Israel" en Yorkshire. Juan Pawson, uno de los más
respetados predicadores de Wesley en Leeds, les abrió
a muchas mujeres las puertas de las comunidades
donde él trabajaba. Le ofreció a Sara el uso de la casa
de predicación en Leeds, cuando ella la necesitara. El
Reverendo Juan Fletcher, sucesor designado de Wesley,
era uno de los que más fuerte abogaban a favor de las
mujeres. Sus palabras a María Bosanquet expresan
el sentimiento de muchos que se regocijaban por el
extraordinario trabajo de estas extraordinarias mujeres:

Mi amor cristiano rinde admiración a la señora Crosby, a la señorita Hurrel y a la señorita Ritchie. Espero que el Señor las una cada día más, las mantenga más y más cerca de él y las capacite para ver y experimentar la gloria de la promesa dada a las hijas y siervas, tanto como a los hijos y a los siervos del Señor. ¡Oh, qué día cuando todos seamos totalmente llenos del poder de lo alto, para salir y profetizar, y regar las plantas abatidas y el improductivo jardín estéril, con ríos de agua viva que fluyen desde nuestra alma![32]

Capítulo Siete
"Hermandad femenina" entre los hombres

l ministerio de las mujeres predicadoras floreció durante la década final de la vida de Wesley. Las mujeres levantaron sus voces para proclamar el evangelio, desde Conwall hasta los páramos del Norte de Yorkshire, desde las ciudades industriales del norte hasta las idílicas villas del oeste. Por la influencia de Wesley, la Conferencia Metodista de Inglaterra fue llevada gradualmente a autorizar el trabajo de estas excepcionales mujeres.

Reconociendo la labor y el fruto

Un historiador del metodismo en Cornish observa correctamente que las mujeres predicadoras fueron todas desconocidas en esa región de Inglaterra. Elizabeth Tonkin, sin embargo, es una brillante excepción. Ella siguió directamente los pasos de su amiga y mentora Ana Gilbert. Ana ya contaba con alguna reputación como predicadora en Gwinear cuando entabló amistad con esta impresionable muchacha de dieciséis años. Su predicación conformó la fe de Elizabeth. Su vida de devoción modeló una forma de formación espiritual balanceada y gozosa. Ana llegó a ser la guía espiritual de Elizabeth y su tutora homilética.

La predicación de Elizabeth comenzó la víspera de su cumpleaños número veintisiete, en 1782. Acababa de mudarse a la villa de Feok. En un relato manuscrito de la vida de ella, su hijo describió más tarde las circunstancias del llamamiento de Elizabeth.

> *Un lunes en la tarde, el predicador designado a Feok no pudo llegar por la muerte reciente de su hija, y ninguno más fue enviado para que ocupara su lugar... alguien llamó a mi madre para que hablara con ellos. Al principio, mi madre se rehusó, alegando que estaba demasiado ocupada, pero al final consintió en dirigir un himno y orar con ellos, esperando que esto los satisfaría. Sin embargo, cuando ella hubo hecho esto, luchó por despedirlos, pero todo intento fue en vano; ellos persistieron en su petición y le dijeron claramente que si ella no les hablaba no se retirarían en toda la noche.[1]*

Elizabeth no tuvo otra salida y, como ella decía: "el poder de Dios descendió entre ellos". Su congregación anunció que ella predicaría de nuevo el siguiente domingo y es así que se vio impulsada a una nueva fase en su vida. Cuando a José Taylor, el ministro superintendente en el circuito, se le informó de las "irregulares actividades" de ella, él sencillamente decidió pasarlas por alto. Cuando tuvo una oportunidad de encontrarse con la aspirante a predicadora, el Reverendo Taylor la saludó cálidamente y le dijo: "Bien, Betsy, yo no abrí tu boca, y yo no la voy a cerrar". La influencia de su ministerio muy pronto se sintió en todo Cornwall.

El matrimonio de Betsy con el señor Collet, en 1785, nunca hizo decaer su paz. "Por cerca de veinte años", recordaba su hijo Ricardo, "ella celebraba frecuentemente reuniones en el vecindario en el día del Señor, y a veces también durante la semana".

Ella combinaba el trabajo de madre y ama de casa con el de una predicadora de extraordinaria habilidad. Esta madre de once hijos y fiel compañera, en un matrimonio que duró cuarenta años, encontró nuevas formas de ministerio en cada comunidad donde estableció su hogar.

En el siglo XIX, la historia de Elizabeth se prohibió. Cuando el relato de su vida hecho por Ricardo Collet se envió a Jabez Bunting, editor de la muy conocida Revista Metodista, éste se negó a imprimirla, porque temía podría "ser un precedente para las jóvenes mujeres asociadas, que estarían listas para meterse en ese trabajo".[2] De igual manera, un conmovedor relato de su vida y experiencia, que había aparecido en esa publicación, se atribuyó maliciosamente a un "señor" y no a una "señora" E.C. Sin embargo, estos fueron asuntos muy significativos para alguien que estaba "siempre lista para sacar buenas cosas del buen tesoro de su corazón".

Aunque parece que Elizabeth condujo su ministerio con poca ayuda, después del modelo de la comunidad de la Mansión de la Cruz otras mujeres cambiaron sus esfuerzos. Cuando por sus viajes Wesley visitó los condados de Norfolk y Suffolk, en el otoño de 1781, hizo un notable descubrimiento:

Fui a Fakenham y en la noche prediqué en el salón construido por la señorita Franklin, ahora señora Parker. Creo que la mayoría del pueblo estuvo presente.

Martes 30. Fui a Wells, donde la señorita Franklin también había abierto una puerta, mediante su predicación y aún a riesgo de su vida. Conocí a una joven del pueblo, fiel seguidora de la señorita Franklin y hablé con ella largamente; la encontré muy conocedora y muy devota a Dios. Por ella supe que antes de que los metodistas llegaran, ellos no habían tenido ninguna mujer como maestra en ese condado y que ahora había seis de ella en diez o doce millas a la redonda, y que todas eran miembros de la Iglesia de Inglaterra.[3]

Wesley estaba muy impresionado con el trabajo que ellas hacían. No hay duda de que este hecho descartó cualquier resabio de prejuicio que aún hubiera en su mente. Estas mujeres estaban haciendo el trabajo de Dios y ejercían una influencia directa sobre sus hermanas metodistas, o viceversa, resultaba sin importancia para Wesley.

El estaba interesado, sin embargo, en descubrir un número de mujeres en su circuito de Norwich, que asumieran por sí mismas el trabajo. A la cabeza de las actividades estaba una joven llamada María Sewell, de cuya vida en la pequeña villa de Thurlton poco se conoce. Guillermo Lamb quizás estuvo presente en el inicio de su ministerio cuando "oyó a la señorita Sewell dando una exhortación en un pequeño hogar de la villa".[4] Ella eliminó muchos de los prejuicios de Adam Clark, cuando él visitó el circuito en 1784. El 28 de abril, escuchó a María predicar sobre el clásico texto wesleyano de Efesios 2.8. Después de escucharla, comentó así la proclamación que ella había hecho de la gracia salvadora de Dios:

Esta mañana escuché a la señorita Sewell predicar; ella tiene un excelente talento para la exhortación y sus palabras saltan de un corazón que obviamente siente un profundo interés por la vida de la gente. Consecuentemente, sus oyentes muestran interés y salen conmovidos. Inicialmente, no he sido amigo de las mujeres predicadoras, pero mis sentimientos están cambiando un poquito. Si Dios le da a una mujer santa un don para exhortar y censurar, no veo razón alguna para que no lo use. La predicación de esta mujer ha hecho mucho bien y en diferentes lugares del circuito los frutos han sido copiosos.[5]

Estas palabras, de parte de uno de los más grandes estudiosos del movimiento metodista primitivo, fueron un gran elogio.

María arriesgó su vida al menos en una ocasión, cuando enfrentó a una turba en Yarmouth para testificar de su fe. Pero, por otra parte, ella fue muy bienvenida en muchas de las villas por todo Norfolk y Suffolk. El registro más antiguo que se ha conservado de Yarmouth, que en ese entonces formaba parte del circuito de Norwick, contiene los nombres de los predicadores metodistas de 1785. Y es sumamente valioso que en la segunda página del registro encontramos a la "hermana María Sewell", incluida entre los nombres de los "predicadores locales".[6]

María no estaba sola en su trabajo. Adam Clark tuvo la oportunidad de escuchar a una de las colegas de ella, la señora Proudfoot, poco después de conocerla. El breve párrafo en que él destaca las reflexiones que ella hizo sobre Exodo 3.3 es el único registro que existe de su vida y trabajo. Provee, por tanto, un minúsculo vistazo del mundo de esta pionera espiritual:

Ella expresó varias situaciones muy pertinentes que tendían tanto a la convicción como a la consolación; y en ellas expresaba, además, su genuina piedad. Si el Señor decide trabajar de esta manera, ¿deberá mi ojo ser perverso, porque El es bueno? ¡Dios me libre de tal cosa! Más bien déjenme enaltecer a Dios, quien por la predicación de ...salva a aquellos que creen en Jesús. Ante ti, Señor, que escoges lo tonto para confundir la sabiduría del mundo y lo débil para confrontar su fortaleza, venga toda alma a gloriarse en tu presencia; y que la excelencia del poder sólo pertenezca a ti, para siempre. Si éste no hubiera sido el caso, seguramente nunca hubiera sido levantado para llamar pecadores al arrepentimiento.[7]

Algunos de los menos dispuestos predicadores ambulantes de Wesley lanzaron un ataque contra las mujeres predicadoras en el momento en que se convocó la Conferencia en Leeds, en 1784. Wesley defendió las actividades de ellas, basado en el argumento de "un extraordinario llamamiento". Uno de los viejos veteranos, Tomás Mitchell, fue un poco más allá y les recordó a sus colegas algo de un punto embarazoso. "Yo no sé que quisieran hacer ustedes con las mujeres buenas", les dijo a sus oponentes, "porque todos los pescados que ellas han atrapado los han colocado en nuestras redes".[8]

Un acto formal

Una de las mujeres predicadoras más celebradas de la época fue Sara Mallet. Wesley siempre estuvo intrigado por el fenómeno espiritual, y realmente lo cautivó la historia de Sara:

Yo la encontré exactamente en la casa a donde fui y hablé con ella por largo rato. ...Del siguiente relato que ella me dio hay numerosos testigos. "Desde hacía algunos años pesaba fuertemente sobre mí que yo debía llamar pecadores al arrepentimiento. Vehementemente rechacé esta impresión, creyéndome casi descalificada, por mí misma y por mi ignorancia, hasta que un día algo me dijo: Si tú no te decides a hacerlo, tendrás que hacerlo quieras o no". Sin entender esto, ella cayó postrada y, mientras estaba completamente si sentido, imaginó que era la predicadora de la casa en Lowestoft, donde oró y le predicó por casi una hora a una numerosa congregación. Ella, entonces, abrió los ojos y recobró sus sentidos. Durante un año o dos tuvo dieciocho de estas postraciones, y en cada una de ellas se imaginaba predicando en una u otra congregación. Finalmente, gritó: "¡Señor, te obedeceré; llamaré a los pecadores al arrepentimiento!". Ella lo ha hecho ocasionalmente desde esa vez, y sus postraciones no volvieron a repetirse más.[9]

No hay duda de que Sara vivió bajo la influencia de María Sewell, quien predicaba frecuentemente en las villas donde transcurrió la juventud de Sara. En sus propias palabras, Sara describe el llamamiento interno a predicar que ella experimentó y su resistencia inicial:

Estaba grabado en mi mente que debía hablar en público en nombre de Dios: y aquellas palabras estaban continuamente enfrente de mí, ¡censura, reprende, exhorta! No había manera alguna en que pudiera sacarlas de mis pensamientos. Pero al mismo tiempo, no podía traer a mi mente un momento cuando hubiera sido amiga de una mujer predicadora. Por tanto, resolví no hacer tal cosa nunca, pasara lo que pasara. Desde aquel momento, parecía como si el poder de las tinieblas cubriera totalmente mi alma y me sentí impelida abandonar a mi familia y a derramar mi alma delante de Dios.[10]

Finalmente, el clamor de Dios sobre su vida triunfó y Sara comenzó su grandioso ministerio público en febrero de 1786.

"Estas palabras", escribe ella, "me han seguido por cerca de un año: ustedes serán odiados por todos los hombres a causa de mi nombre, pero cuando lo hagan, no teman, porque yo estaré con ustedes; no tengan miedo, porque yo soy Dios". Ella habló en la casa de su tío cada dos domingos por la tarde. Experimentó pro- funda paz. En su diario, Sara grabó el hecho de que en medio de estos trabajos "el señor Wesley llegó a ser como un padre y un fiel amigo".[11] Su ánimo fue una continua fuente de fortaleza. Además, la influencia de él le granjeó el apoyo total y la autorización de la Conferencia de Manchester, en 1787. Sara recuerda el grandioso momento:

> Cuando viajé la primera vez, seguí el consejo del señor Wesley, que era dejar la voz de la gente fuera para mí la voz de Dios; y que fuera a donde me enviaran porque el señor me había llamado allá. Me he atenido a este consejo hasta hoy. Pero la voz del pueblo no era la voz de algunos predicadores; sin embargo, el señor Wesley pronto me facilitó la situación enviándome una nota desde la Conferencia, por medio del señor José Harper, quien ese año había asignado a Norwich.[12]

Esta nota es la única pieza importante de las pruebas documentales relacionadas con las mujeres predicadoras del metodismo primitivo. La autorización oficial sencillamente reza: "Damos nuestra diestra de amistad a Sara Mallet y no tenemos objeción a que ella sea una predicadora en nuestra congregación, siempre y cuando predique las doctrinas metodistas y obedezca nuestra disciplina".[13] La oposición disminuyó como consecuencia de este acto y el ministerio de Sara floreció cuando ella viajó por todo Norfolk y Suffolk, según la tradición de sus hermanas predicadoras.

En ningún sentido era Sara algo menos que un predicador viajero wesleyano:

Desde el principio, mi forma de predicar es tomar un texto, dividirlo y hablar de los diferentes puntos principales. Por muchos años, cuando no teníamos sino unas pocas capillas en este país, yo predicaba al aire libre, en establos y en carretas.

Después de casarme, por muchos años estuve con mi esposo en el plan de los predicadores. El fue un predicador local 32 años y terminó su trabajo sólo cuando su vida también terminó.

Me siento orgullosa de que algunos de nuestros predicadores vean correcta la predicación femenina y la animen. Espero que todos ellos, tanto locales como ambulantes, piensen más sobre estas palabras "no apaguéis el Espíritu", ni en vosotros mismos ni en otros. "No despreciéis las profecías", no, aunque vengan de la boca de los niños –porque, entonces, ellos serán más como el señor Wesley: y creo que serán más como Cristo.[14]

El nombre de Sara se incluyó en el horario de predicación en el circuito. Wesley le confirió trabajo en los asuntos financieros para apoyar su ministerio, le proveyó libros para su crecimiento y formación espiritual y fue su apoyo particular en las relaciones con los colegas pastores. Cuando surgió la pregunta de si era necesario que a ella se le diera licencia como predicadora disidente, Wesley respondió con una de las normas establecidas: "No requiero de ninguno de nuestros predicadores que tengan otra licencia sino la recomendación de ellos mismos o de los lugares donde ellos predican".[15]

Quizás la única preocupación de Wesley era que ella no estuviera haciendo tanto como podía. Una carta de ánimo a veces no dejaba de encerrar un tono de reprimenda:

Quedé un poquito sorprendido hace poco cuando alguien al hablar de ti dijo que "Sally Mallet no es tan seria como Betty Reeve". Yo creía que Sally Mallet eran tan seria como cualquier mujer joven en Norfolk. Sé cauta en tus acciones y nunca esperes alguna ayuda de los que tienen el poder, mi querida Sally. Afectuosamente, Juan Wesley[16]

Sara continuó seriamente en su ministerio por muchos años. Eliza- beth Reed, a quien Wesley mencionó en esa carta, era una de las que Sara Mallet había convertido. Fue por su predicación que Elizabeth sintió el llamamiento para entrar el ministerio. Cuando Wesley supo de esas aspiraciones, le pidió a Sally que la trajera a Diss para poder hablar con ella acerca de su experiencia. Convencido de sus dones y simpatía, Wesley la animó a proclamar el evangelio y a buscar una gran cosecha de convertidos. Escribiéndole a Sara acerca de ella en 1790, Wesley observa: "Está bien que estés de acuerdo en que nuestra hermana también se ocupe a veces en el mismo trabajo de amor; la providencia las ha marcado para que sean amigas y no debe haber reservas entre ustedes. ...Si tú haces el trabajo al cual Dios te ha llamado, experimentarás prueba sobre prueba".[17] Wesley reconocía la importancia del compañerismo y sabía que las mujeres llamadas a predicar se necesitaban unas a otras. El se regocijó al descubrir tal amistad entre Sara y Elizabeth y siguió el progreso de estas hermanas predicadoras con afectuoso interés. El 15 de diciembre de 1789, le ofreció el siguiente consejo a Sara, en cuanto a su predicación y su iniciativa en la adoración:

Me hace feliz oír que los prejuicios han muerto y que nuestros predicadores se comportan de una manera amable. Ahora tú puedes ver muy claramente lo que más te conviene para recuperar tu salud. No atiendas al llamado de cada uno. Podrías interrumpir tu ministerio por ir a cualquier parte sin el consejo del señor Tattershall. Nunca continúes el servicio por más de una hora a la vez cantando, predicando, orando y todo. No debes juzgar por tus propios sentimientos, sino por la Palabra de Dios. Nunca grites. Nunca hables por encima del tono natural de tu voz; es desagradable para los oyentes. Les dará dolor y no placer y te estarás destruyendo a ti misma. Eso es ofrecer a Dios asesinato en vez de sacrificio. Solamente sigue estos tres consejos y tendrás una gran recompensa, mi querida Sally. Atentamente, Juan Wesley.[18]

La "hermandad femenina" y los colegas

Cuando Roberto Roe oyó predicar a María Bosanquet en Leeds, se sintió sobrecogido por el poder de sus palabras. "Mucha sabiduría, dignidad y piedad, unidas con la sencillez de un niño", observó, "yo nunca había visto cosa igual antes".[19] María era una predicadora veterana. El 8 de junio de 1871 marcó treinta años de ministerio en la comunidad de la Mansión de la Cruz, en Yorkshire. Al día siguiente, María recibió una carta que la impulsaría a uno de los más notables romances del metodismo primitivo. El Reverendo Juan Fletcher, uno de los más confiables amigos de Wesley y su sucesor designado, le declaró a María su creciente admiración y su afecto secreto. En el transcurso de algunos meses, María vendió su hacienda en York-shire, ubicó a todos los huérfanos que aún quedaban y se unió en matrimonio con Juan, el 12 de noviembre de 1781.

La pareja permaneció en la Mansión de la Cruz hasta el 2 de enero de 1782, cuando salieron para Madeley, donde Juan serviría como pastor en la iglesia anglicana local. "El señor Fletcher se robó el fuego santo de mi pueblo", le confió Juan Valton a su diario, "al llevarse a la señorita

Bosanquet a Madeley".[20] La pérdida para York- shire fue la ganancia para Madeley. El primer domingo, después de su regreso a la iglesia, Juan presentó a su esposa y valientemente proclamó: "Yo no me he casado con esta mujer solamente para mi beneficio, sino también para el beneficio de ustedes".[21] Juan y María formaron una singular pareja de mutuo servicio y amor, y quizás la primera "pareja de clérigos", por así decirlo, dentro del movimiento metodista. Ellos trabajaron como co-pastores en bien de todos los propósitos prácticos, a lo largo de toda su vida conyugal.

La gente de Madeley fue ampliamente receptiva al ministerio de María. "Mi llamamiento se ha hecho muy claro", podía ella afirmar, "y tengo mucha libertad en el trabajo y un dulce ánimo de parte de la gente".[22] María contribuyó grandemente al cultivo de una fe vital entre sus nuevos vecinos. Su fama se esparció rápidamente entre toda la comunidad. Guillermo Tranter describe las actividades de ella con algunos detalles.

Multitudes se ven venir desde todos los puntos del vecindario, muy temprano en la mañana del sábado, para asistir a la reunión con los Fletcher a las nueve en punto. Vienen llenos de gozo o por la esperanza de tener manifestaciones de la gracia del Señor.

Durante un servicio entre semana por la tarde, no era nada extraño ver el salón completamente lleno de atentos y deleitados oyentes, mientras esta bendita mujer exponía alguna porción histórica de la Escritura. ...A menudo, el efecto que producía era realmente sorprendente.

Durante estas conferencias de la tarde, no era extraño ver entre la congregación dos, tres o más clérigos, hombres piadosos y capaces del vecindario o aun de parroquias distantes.[23]

Este maravilloso romance y ministerio compartidos fueron pronto cortados por la trágica muerte de Juan, en 1785. Habían transcurrido cuatro breves años de una vida en ministerio juntos. María estaba destrozada.

"Mi pena sobrepasa el poder de las palabras para describirla. He cruzado por aguas profundas, pero nunca nada como esto. Si bien no deseo ningún prospecto placentero sino en el cielo, ni fijo mi esperanza en otra cosa que en la inmortalidad ...el sol de mis gozos terrenos se ha puesto para siempre".[24] El sentimiento que María tenía de la presencia continua de Juan a su lado la sustentó en esta hora de oscuridad. La pena y el dolor pronto se transformaron en una renovada dedicación a Dios y a la misión que María compartía con su "más simpático y celestial amigo". "Yo encontré a los queridos niños que mi amado compañero había propuesto para después, y siempre están en mi mente", le confió ella a su diario. "Vi que debo actuar entre ellos y buscar a la gente igual que antes".

Y así, durante los años que siguieron a la muerte de su esposo, María no solamente continuó sus regulares servicios de predicación en Madeley, sino que expandió su ministerio por toda el área. Impulsada por un profundo sentido de vocación cristiana, María llegó a ser un vivo ejemplo de la riqueza y abundancia de vida que se nos ofrece en Cristo. Sus propias palabras son un vivo testimonio de lo profundo de su espíritu y de la amplitud de su influencia:

El mismo Señor que abrió mi boca, que me capacitó con su poder y que me dio ánimo para hablar su Palabra, ha esparcido su gracia y me ha permitido continuar hasta el presente. El Señor ha sido y es hasta ahora el consuelo y apoyo de mi alma en todas las pruebas. Gracias a Dios, no he corrido ni trabajado en vano. De esto hay testigos en el cielo y en la tierra.[25]

No es de sorprenderse que María fuera una especie de prototipo para muchas mujeres metodistas. Ellas se sintieron atraídas por su magnetismo y modelaron su propio ministerio sobre su dinámico ejemplo de vida y trabajo. Sara Lawrence, la constante compañera de María durante toda su vida, es apenas un ejemplo. "La querida Sally", la nieta huérfana de Sara Ryan, era para María más una hija que una devota ayudante. María alimentó cuidadosamente el don único que vio en su pequeña amiga. En 1778 expresó secretamente sus esperanzas de que Sally siguiera sus pasos: "Un visible interés por las almas del pueblo y en particular por las generaciones futuras, ocupa su mente más fuerte que nunca. Y se le dio un don especial para los niños, como rara he visto en alguien más, porque los ama como si fuera una verdadera madre".[26]

Sara sucumbió a los contagiosos efectos del amor de María. Su vida duplicó la de María en muchas maneras, cuando buscó expresar el mismo espíritu amoroso que aquélla tenía. En Madeley, Sara comenzó a celebrar reuniones en una de las más deprimentes áreas dentro del condado. Visitaba de puerta en puerta. Su vida se caracterizó por un singular balance entre la piedad personal y el servicio social, que era un sello distintivo de la herencia de Leytonstone y la Mansión de la Cruz. Su evangelismo se centraba en la vida. María describe la expansión de su ministerio y el desarrollo de su estilo: "Ella comenzó reuniones en diferentes lugares, a las que asistían muchos. Su método era primero cantar y orar y luego leer alguna biografía, una experiencia o algún autor brillante, haciendo pausas aquí o allá, para explicar y hacer alguna aplicación, según el Señor le declaraba. Varios, que ahora son creyentes fieles en nuestra sociedad, se interesaron a causa de esos recursos".[27]

Ella predicó cada dos domingos por la noche durante cuatro años, en la pequeña villa de Coalport. Amaba a los mineros y a sus familias, y su predicación expresaba la profundidad de sus sentimientos por esa comunidad: "Si alguna vez fui llamada a alguna parte, seguramente era a este lugar. A veces me parece como si toda mi alma se derramara en beneficio de ellos; y cuando pienso en los queridos niños y en los adultos, que acostumbran recorrer los pesados caminos para encontrarme, muchas veces no puedo evitar que mis ojos se vuelvan hacia este sitio con lágrimas y oraciones.[28]

Cuando María Fletcher se mudó a Madeley, las mujeres predicadoras que quedaban de la Comunidad de la Mansión de la Cruz, se trasladaron a Leeds. Establecieron su residencia en una pequeña casa conocida localmente como la Vieja Casa Boggard, contigua a la vieja capilla metodista del lugar. Sara Crosby y Ana Tripp asumieron la dirección de un fuerte e influyente grupo de mujeres predicadoras que se denominaron a sí mismas –con humor espontáneo– "La fraternidad de mujeres".[29] Elizabeth Hurrel y Sara Stevens participaron en la vida incipiente de este círculo y, en los años siguientes, María Barritt, una de las más grandes evangelistas de los inicios del siglo XIX, también desempeñó ahí un papel importante.

Las filas de la "fraternidad de mujeres" crecieron en el transcurso de la década de 1780. Una nueva generación de mujeres predicadoras entró en escena. Un nuevo grupo de mujeres con una dinámica visión de su lugar dentro del movimiento metodista impulsó su estandarte con renovadas fuerzas. El pasado renacía. En una carta a Elena Gretton, pionera del metodismo en Grantham y predicadora por todo lo ancho de Lincoln, el condado donde Wesley nació, el anciano apóstol del metodismo hace una referencia final a los sucesos que originaron la Rectoría de Epworth:

> *En la nueva esfera de acción a la cual la Providencia te ha llamado, confío que encuentres un nuevo celo por la obra de Dios y un nuevo vigor para continuar en cada paso que pueda guiarte a la difusión del Reino. En una de las cartas de mi madre puedes observar algo que recuerda tu caso. Ella comenzó únicamente con dos o tres de sus vecinos que llegaban a la casa y participaban en la oración familiar el domingo en la noche. Pero esos pocos se volvieron un ciento y hasta ciento cincuenta. Manténte firme y humilde, consulta al Asistente en todos los puntos y esfuérzate hacia la perfección.*[30]

Alicia Cambridge, de Banton, Irlanda, representa a la predicadora femenina del cambio de siglo. Desilusionada por la oposición de algunos de los dirigentes metodistas irlandeses, buscó el consejo de Wesley. La respuesta de él, escrita solamente un mes antes de su muerte, permanece como un testimonio póstumo del poder transformador del amor de Dios y del eterno significado de la respuesta responsable al llamamiento de Dios, ambos legados de su madre:

> *Recibí tu carta hace apenas una hora. Te agradezco por escribir tan intensa y libremente. Me hace sentir siempre tu amigo y uno que siempre te ama también. El señor Barber tiene la gloria de Dios en su corazón y por eso cuenta con obreros que lo siguen. Dales a todos ellos*

honor, y obedéceles en todo aquello que no vaya contra los dictados de tu conciencia. Pero no permitas que nadie te pida que te calles cuando Dios te ordena que hables. No quiero ofenderte en lo más mínimo, pero te aconsejaría, sin embargo, que no hables al mismo tiempo en ningún lugar donde un predicador esté hablando, a menos que puedas hacerlo lejos de sus oyentes. Evita cualquier apariencia de orgullo o magnificencia por ti misma. Dime si necesitas libros o cualquier otra cosa. Tu felicidad llenará también mi corazón.[31]

Ana era marcadamente pulcra, franca y con la apariencia de una cuáquera. Era una mujer fuerte, con un agradable acento y un extraordinario poder de oratoria. El tema predominante de su predicación era la bondad de Dios. Esta, reconocía muy agradecida, era la fuente de la paz en su vida. Era modesta en sus modales, pero indómita en cuanto a su llamamiento. En los años siguientes, después de la muerte de Wesley, ella alcanzó tanto éxito que su trabajo era un perenne motivo de vergüenza para sus colegas masculinos. Por eso, ellos incrementaron tanto su antagonismo y su oposición a la "predicación femenina", que muy pronto explotó su violento debate.

La década de 1780 fue de grandes progresos dentro del metodismo, todos encaminados hacia una más completa realización del ministerio de las mujeres. La autorización oficial a Sara Mallet, de parte de la conferencia de 1787, constituyó un paso monumental en la culminación de un largo proceso de cambio. María Fletcher, Eliza- beth Tonkin, las predicadoras de Norfolk y Suffolk, y la misma "fraternidad femenina" de Leeds, recibieron amplio apoyo para sus destacados ministerios. Pero una tormenta se cernía silenciosa, y el suspenso comenzó a sentirse cuando uno de los más grandes abogados de las mujeres, Juan Wesley, se acercaba más y más al momento de su muerte.

Sin embargo, las mujeres habían llegado demasiado lejos para dejarse amedrentar por la amenaza de una tormenta. Viniera lo que viniera, ellas estaban decididas a darlo todo por el Señor. Su historia se había forjado en el crisol de la lucha y el dolor. El 20 de junio de 1790, la primera mujer predicadora dentro del metodismo, Sara Crosby, animó a una hermana en Cristo que soñaba con llegar a predicar. Ella describe la profunda convicción que sostenía su vida y ministerio, y el testimonio y servicio de todos los devotos seguidores de Cristo:

Cuando sabemos que tenemos la aprobación de nuestro Señor, nosotras nos mantenemos como el yunque golpeado por el mazo o descansamos en sus manos, como el barro en las manos del alfarero. Pasamos por las buenas y las malas, pero todas las cosas ayudan a bien a los que Dios ama. Hablamos y actuamos según la libertad que da el Espíritu y no tenemos la cara del hombre. Nos mantenemos en humilde confianza en Dios y buscamos en El que es capaz y desea salvar a todos aquellos que se le acercan por medio de Cristo.[32]

Capítulo ocho
Explota la controversia

uan Wesley murió la mañana del miércoles 2 de marzo de 1791, a la edad de ochenta y siete años, y no resulta sorprendente que su muerte creara una crisis dentro del movimiento metodista. Aunque había previsto el futuro del movimiento, se había llegado a identificar tan intensamente con la renovación, que era difícil concebir el metodismo separado de Wesley. La disensión se levantó dentro de las filas metodistas. Alejandro Kilham se separó de los wesleyanos para establecer la Nueva Unión, en 1797. Este era apenas el primero de un sinnúmero de cismas. Todo el movimiento se enfrentó a la más crítica coyuntura de toda su historia.

Además de estos asuntos internos, ciertos factores externos también contribuyeron a la crisis. La Revolución Francesa afectó grandemente el punto de vista político del pueblo inglés. Hizo mucho más rígido su conservadurismo y disminuyó su nivel de tolerancia. En el escenario doméstico, los cambios sociales de corte radical que la revolución industrial impulsó crearon un sentimiento de inestabilidad e incertidumbre. La ola de cambios que se había acumulado a lo largo del siglo había alcanzado tal magnitud que ahora afectaba a las masas de manera atronadora y estaba a punto de estrellarse con todo el viejo mundo, para darle paso a la vida "moderna".

El mundo antiguo rugía por el dolor de un nuevo nacimiento. ¿Cómo iba la iglesia a responder a las necesidades de una era en radical transición? ¿Cuáles modelos y formas adoptaría la iglesia para mantenerse fiel al evangelio, a la vez que se movió dentro de una sociedad que iba hacia una nueva era? Durante este explosivo período las mujeres predicadoras del metodismo se acercaron a su cenit. Al mismo tiempo, sin embargo, el asunto de la predicación de las mujeres se tornó en una de las controversias más amargas en la vida de la iglesia. Aunque las complicaciones que siguieron eran inevitables, ciertamente podían haberse previsto. En poco más de una década después de la muerte de Wesley, severas restricciones limitaron la actividad de las mujeres predicadoras. En algunas regiones la práctica fue formalmente prohibida.

El inicio de una nueva era

Durante el renovador período que siguió inmediatamente después de la muerte de Wesley, hubo muchas mujeres abiertamente decididas a ejercer sus dones en el ministerio de la predicación. La primera generación de mujeres predicadoras, incluyendo a María Fletcher y Sara Crosby, comenzó a retroceder hacia el trasfondo, ante una nueva familia de mujeres que tomaban su lugar. Las esposas de los predicadores ambulantes wesleyanos frecuentemente exhortaban, profetizaban y predicaban junto a sus esposos en los circuitos metodistas. Muchas de las mujeres ingresaron en las labores como un testimonio vivo a su "reverendo padre", el señor Wesley. Sara Crosby animó a una predicadora aspirante, haciéndose eco de las palabras que Wesley le había dirigido a ella:

Para mí, la dirección de nuestro reverendo y querido padre fue: "Haz todo lo que puedas para Dios". Yo creo que sería la misma para ti, porque tanto Moisés como el señor Wesley dirían: "Oh, si todo el pueblo del Señor fuera profeta".[1]

Abundantes listas de nuevos nombres inundaron los registros de las crecientes Sociedades Metodistas – mujeres que luchaban con el llamamiento de Dios a predicar la Palabra: María Woodhouse Holder, María Wiltshaw, Sara Stevens, Sara Cox, Sara Eland, entre otras. Nuevos nombres, nueva emoción, pero la misma convicción de corazón y espíritu. Dios las llamaba para que ofrecieran a Cristo al mundo de su tiempo y nada las iba a detener. Sara Eland lo dejó claro en su diario:

¡Ah!, ellos habrán de saber del afán interior de mi alma y de la gran aversión que siempre he sentido hacia la publicidad y tendrán que llegar a la conclusión de que esto no ha sido una operación pasajera del Espíritu. ...Estoy totalmente segura de que mi llamamiento para hablar en su nombre viene de Dios, como lo estoy de su gracia perdonadora, por medio de Cristo mi Salvador.[2]

En Nottingham, Sara predicó a unas dos mil personas. María Harrison predicaba en la comunidad de Wishall cada domingo en la noche. Margarita Watson reanimó la soñolienta Sociedad de Redcar con su constante predicación en la capilla metodista. Hannah Parker, nativa de Ampleforth, predicaba en establos y al aire libre, por todos los parajes norteños de Yorkshire. El

"Servicio de registro" para Houghton-Le-Spring, cerca de Sunderland, muestra que María Goulden predicaba en Wapping. Su texto de 2 Tesalonicenses, en cuanto al juicio, la llama de fuego y el castigo de eterna destrucción, revela algo del nuevo fervor renovador.

En Bingley, Elizabeth Dickinson provocó una tremenda conmoción cuando predicó al aire libre. Su experiencia fue similar a la de Sara Mallet. Miles se congregaron para oírla y muchos profesaron su conversión por medio de ella. Su oratoria era conmovedora y sus poderes de persuasión no tenían igual. Su predicación mantenía el balance esencial wesleyano de la naturaleza del ministerio de esta mujer excepcional:

> *Su lema era la santidad al Señor. A menudo solía decir que el evangelio debía vivirse y no sólo predicarse, pues de lo contrario haríamos más daño que bien... La he oído cuando dirige los himnos, cuando canta, ora y exhorta al pueblo a que escape de la ira venidera. Todo lo hace de manera tan poética que he visto las lágrimas de las multitudes de oyentes correr como ríos.*[3]

Estas mujeres estaban descubriendo algo "primitivo" en la fe. Su fervor y celo eran diferentes de la ordenada espiritualidad de la incipiente Iglesia Metodista Wesleyana. El estilo de esta nueva generación de mujeres evangelistas sólo se veía opacado por el rechazo entre los respetables dirigentes de la jerarquía metodista.

El centro de la tormenta: María Barritt

En sus últimos años, Wesley prefirió creer que entre sus Sociedades el prejuicio contra las mujeres predicadoras estaba declinando. Sin embargo, su confianza hacía que estuviera totalmente equivocado. En la década siguiente a su muerte, un endurecido sentimiento antifeminista se enfocó poco a poco sobre el ministerio de una mujer en particular: María Barritt. Indudablemente era la más famosa evangelista femenina de los inicios del siglo XIX. En 1827 publicó un extenso relato de su trabajo como reanimadora espiritual. Esta autobiografía demuestra que sobresalió como predicadora ambulante de incomparable habilidad y éxito.[4]

María nació en Hay, en 1772. Después de unirse a la Sociedad Metodista en el vecindario de Colne, Lancashire, siguió el típico patrón de sus colegas en el evangelio: orar en las reuniones de clases, dar testimonio y exhortar en los banquetes de amor. Esta última actividad pronto conducía a la predicación. Sus acciones provocaron la hostilidad casi de inmediato. Lancelot Harrison, el ambulante asignado al circuito en el que ella ministraba se oponía vehementemente a la predicación femenina y así se lo hizo saber. "Todo lo que he sufrido por parte del mundo, en cuanto a reproches y calumnias", lamentaba María, "es poco, comparado con lo que he soportado de parte de algunos profesores de religión y de ministros del evangelio".[5]

Los que la apoyaban se replegaron, cuando el espíritu de ella se desplomó. "Has puesto en serio peligro tu alma" advirtió William Sagar, el antagonista de Harrison, "al haberte entrometido con María Barritt: Dios está con ella y los frutos abundan dondequiera que ella va".[6] Algunos de los más importantes dirigentes del metodismo – Juan Pawson, Alejandro Mather, Tomás Vasey, Samuel Bradburn, Guillermo Bramwell, Tomás Shaw y muchos otros- consideraban a María como una amiga íntima y frecuentemente la invitaban a predicar en su púlpito. En 1794, ella comenzó una serie de viajes de predicación que continuó por muchos años. No menos de quinientos miembros se agregaron a esa Sociedad en un trimestre, durante una de sus prolongadas campañas en el circuito de Nottingham.

El crecimiento sin precedentes siempre fue el corolario de la predicación de María:

> *En Yorkshire Dales, que se extiende desde Ripon hasta Bainbridge, Reeth y Richmond, el Señor nos concedió a mí y a otros, recoger la cosecha a manos llenas. Dondequiera nos dio frutos nuevos: en ese momento, aquellos circuitos tenían poca ayuda de parte de los predicadores viajeros... Basta decir que de una manera extraordinaria el Todopoderoso quitó mis escrúpulos, contestó mis objeciones y me envió confiadamente a su viña. Desde luego, nada sino la poderosa convicción de que Dios necesitaba de mis manos... me ha sostenido en esta tarea.[7]*

La calidad del evangelismo de María no era mera renovación. Como Wesley, ella proveía un meticuloso cuidado para sus convertidos. Los guiaba en las clases metodistas y vigilaba que fueran adecuadamente integrados en la vida de las Sociedades. Además, la predicación de María era muy balanceada. En una ocasión, Alejandro Suter insinuó que ella proclamaba un evangelio superficial basado en uno o dos textos oscuros, y en la reunión trimestral, celebrada en Leeds, Edward Wade levantó la defensa de ella y rápidamente rechazó esta clase de alegatos. "Hasta ahora he oído a la señorita Barritt unas veintisiete o veintiocho veces", replicó él, "y nunca la he oído hablar dos veces sobre un mismo texto". Un cuidadoso escrutinio de los registros y relatos de sus predicaciones reveló su amplísimo conocimiento y uso de la Biblia.

No es sorprendente encontrar los nombres de algunos de los más connotados predicadores de la época enlistados entre los cientos de convertidos por María. Nombres como Tomás Jackson, Guillermo Dawson, José Taylor, Tomás Garbutt y Roberto Newton. De estos defensores, María recibió todo el apoyo y estímulo que necesitaba para llevar adelante su trabajo. Cartas de aprecio mitigaron su desesperación frente a la creciente oposición:

> *Aprobamos tu predicación del evangelio y hemos llegado a esta decisión porque Dios ha bendecido tus labores entre nosotros y ha hecho de ti una constante bendición hasta este día. Sabemos que Dios te ha llamado a predicar su Palabra y, por tanto, no temas. Llora fuerte pero no te refrenes; levanta tu voz como una trompeta y dile al pueblo que se equivoca en sus acciones. Siempre amaremos la idea de que una mujer predique el evangelio. Yo, personalmente, fui a escucharte por curiosidad y Dios aprovechó la oportunidad para bendecirme con su gracia, hace diecinueve años... Dedica tu cuerpo, alma y espíritu a la gloria de Dios y nunca te canses hasta el día en que Dios mismo te quite la vida.*[8]

Además de su futuro esposo, Zacarías Taft, María no tuvo más entusiasta animador que William Bramwell. "El designio de Dios en cuanto a ti", le recordaba él, "es esparcir la llama del amor celestial en nuestra congregación". Y llegó a afirmar que si ella pensaba que su trabajo ya estaba hecho –y era obsoleto- "Yo creo muy diferente. Numerosos lugares todavía te recibirán y creo que tu camino se abre mucho más con esta Conferencia de lo que habías imaginado antes".[9] La estima que Miguel Fenwick sentía por ella no era menos profunda. "Dios mismo te ha enviado", la amonestó, "como al gran Wesley y al gran Whitfield, como una bendición para toda la nación".[10]

El apasionado deseo de María por salvar almas produjo un creciente respeto de parte de las Sociedades Metodistas. Ella resistió la actitud conservadora de aquéllas. Su espíritu siempre ansioso de renovación creó una ansiedad especial entre algunos de los fieles miembros de las capillas establecidas. Sus oponentes criticaban el emocionalismo con que a menudo hechizaba a sus congregaciones. Algunos de sus críticos pronto dejaron de esparcir los rumores difamatorios acerca de ella. "Ella es un hombre con ropa de mujer", afirmaban algunos. "Ella ha abandonado a sus hijos", murmuraban otros, y "dejó a su familia para que se las arreglaran por sí mismos". El vituperio era fiero y a veces constituía una perenne fuente de angustia para María.

Las tensiones crecían por doquier. Una carta de ese tiempo revela algo del choque entre el animoso avivamiento y la falta de estimación de que fue objeto:

> *Hemos tenido a María Barritt en este circuito. ...Ella ha sido muy útil en las manos de Dios en muchos lugares. En realidad, en Darlington atribuyen el gran avivamiento principalmente a su ministerio. Yo creo que muchos más de los que sabemos se hubieran salvado aquí, de no haber estado algunos de nosotros tan opuestos a acceder a que una mujer enseñara en público –tan exageradamente ordenados para detener a la gente que deseaba asistir a las reuniones de oración, como ocurrió una noche.[11]*

Después de la muerte de Wesley, en la sorprendente dinámica de la estructura y del espíritu, un avivamiento institucional comenzó a tener más importancia que la impredictibilidad de la gracia. Las mujeres predicadoras se encontraron atrapadas exactamente en el centro del nuevo movimiento. El escenario estaba preparado para una explosiva confrontación.

Bajo pena de excomunión

En el verano de 1802, José Entwisle le escribió a su colega Jonatán Edmondson sobre la situación de su nuevo circuito en Macclesfield:

No tenemos predicadoras en esta parte del país. Yo creo que las mujeres deberían practicar sus dones adecuadamente en privado, o entre las de su mismo sexo, pero nunca vería adecuado que sean maestras en público. Bajo la dispensación patriarcal, la mujer más anciana era el sacerdote de la familia. Bajo la Ley, todos los sacerdotes eran hombres. Los setenta predicadores enviados por el Señor eran hombres. Todos los apóstoles eran hombres también. Nunca leemos acerca de una predicadora en los Hechos de los Apóstoles. Por tanto, yo concluyo que las mujeres no están designadas para ser maestras en público.[12]

Cuando el metodismo entró en el siglo XIX, esta restrictiva y conservadora actitud se hizo más dominante. Una forma de represión radical se estableció en esta nueva era.

En la Conferencia de Dublín, que el metodismo irlandés celebró en julio de 1802, se levantó un serio debate sobre la predicación por parte de las mujeres. Aun la exhortación en público fue severamente censurada. La hostilidad hacia las predicadoras alcanzó un punto culminante. A pesar del impresionante éxito de mujeres como Alicia Cambridge y Ana Brown, la contraparte masculina acordó extremas e inmediatas acciones para reprimir sus actividades:

Según el veredicto de la Conferencia, es contrario, tanto a las Escrituras como a la prudencia, que las mujeres prediquen o aun exhorten en público. Le indicamos al Superintendente que deniegue la credencial de miembro de la Sociedad a toda mujer de nuestra congregación que predique, o a quien exhorte en cualquier congregación pública, a menos que ella deje esas prácticas completamente.[13]

Por esta decisión, Alicia Cambridge fue inmediatamente excluida de la Sociedad. Se le prohibió que usara cualquiera de las capillas o propiedades metodistas para sus servicios evangelísticos. Por medio de una carta fechada el 29 de julio de 1802, Zacarías Taft le informó a su colega María Barritt de los acontecimientos del momento:

Estoy muy gozoso de oír de tu éxito en el circuito de Grimsby – no sé qué diría la hermandad irlandesa de esto. Ellos han acordado en su Conferencia del dos de este mes que ninguna mujer predique o exhorte en público, bajo pena de excomunión.[14]

En la Conferencia Irlandesa de 1811 se tomó una resolución especial para restaurar a Alicia en la condición de miembro de la Sociedad Metodista. Su éxito era tan impresionante que era imposible ignorarlo o negarlo. Después de 1813 ella se dedicó enteramente al ministerio del evangelismo que atraía incontables multitudes en el norte de Irlanda.

Después del matrimonio de María Barritt con el más famoso abogado a favor de las mujeres predicadoras, Zacarías Taft, el 17 de agosto de 1802, ella viajó con su esposo a Canterbury y asumió su nueva asignación en Dover. Tomando al toro por los cuernos, ella predicó su primer sermón sobre el texto: "Tolérame para que pueda hablar y después de que haya hablado mófate si es del caso". Las invitaciones para predicar inundaban a esta dotada pareja. El 7 de octubre de 1802 el periódico Kentich Herald publicó un favorable informe en cuanto a María y su trabajo en la catedral de Canterbury:

El domingo en la noche, la señora Taft, una mujer predicadora, predicó en la Capilla de la Calle King de esta ciudad, en la congregación del recordado Reverendo Juan Wesley. Naturalmente, la novedad de una mujer predicadora provocó gran curiosidad. Varios cientos de personas se hicieron presentes, pero algunos no pudieron ingresar al local, por la capacidad de éste. El texto del discurso fue el primer capítulo y el versículo nueve de la Primera Epístola de San Juan. "Si confesamos nuestros pecados, El es fiel y justo para perdonar nuestros pecados y limpiarnos de toda maldad". La predicadora apoyó el texto con numerosos y bien fundamentados juicios y, obviamente poseída de una gran fluidez, atrajo la atención total de la congregación.[15]

José Benson estaba furioso. Escribió de inmediato una cáustica carta al esposo de María y en ella expresó toda su afrenta. La Conferencia, declaró sarcásticamente, no estaba enterada de que Taft "tuviera a una mujer para ayudarle en su ministerio". Luego agregó:

Lo que la reunión de la Conferencia o la Conferencia misma puede decirte por engañarlos de esta manera, ni siquiera lo imagino... La señora Taft deberá abstenerse de subir al púlpito de las capillas, a menos que el señor Sykes, el señor Rogers y tú mismo no sean capaces de realizar el trabajo que la Conferencia supuso que podían hacer.[16]

Jorge Sykes, que era el nuevo superintendente recientemente designado, contraatacó la diatriba de Benson con una fuerte carta de defensa:

Al compararla con los apóstoles, encontramos a María dos veces más apóstol. He conocido a María Barritt personalmente por más de ocho años y no me atrevo a oponerme a ella... Hace más de un año y medio, María Barritt se vio fuertemente presionada por nuestros amigos Hull para que los visitara, cuando los ancianos de la

Sociedad se declararon en concilio... la conclusión fue no admitirla en el púlpito, y permitirle que mantuviera un pequeño trabajo de oficina en la capilla. Pero después de oír en una oportunidad este sonido de trompeta, los prejuicios cayeron como los muros de Jericó, la puerta del púlpito se abrió, y esta hija del Rey entró por ella. La capilla no podía dar cabida a la gente y cientos de personas permanecieron en la calle. Ella predicó, entonces, a miles y la reverencia fue solemne en los semblantes de todos los que conformaron la nutrida asamblea congregada ante esta singular mujer.[17]

Juan Pawson le escribió a la Sociedad en Dover y expresó su agrado por la previsión de establecer a María entre ellos. En esta importante carta, que contribuyó a allanar el camino para el ministerio de María en ese circuito, Pawson explica cómo "el Señor se complace en usar vías fuera de lo común para el beneficio de sus pobres criaturas". "Yo no he sido gran amigo de las mujeres que predican entre nosotros", continúa, "pero cuando veo claramente lo bueno que han hecho, no me atrevo a prohibirles nada". Plenamente consciente de que la controversia comenzaba a gestarse, él concluye: "Yo te aconsejaría, por tanto, que por ningún medio te opongas a su predicación. Déjala en total libertad y prueba si el Señor la ha hecho un instrumento para reavivar Su trabajo entre ustedes".[18]

Pawson volvió a escribirles a los Taft a principios del nuevo año. Expresó su pena por la tormenta que se había levantado en Kent al comienzo de su ministerio conjunto. Sin embargo, ya que habían superado los embates iniciales, los animó a que se mantuvieran firmes en la esperanza de una renovación espiritual y un crecimiento en aquel lugar. Se regocijaba de que su intervención hubiera ayudado a reconciliar a muchos con el ministerio de María:

Me complace mucho que los buenos hombres de Dover no se sintieran ofendidos por mis cartas y muchos descubrieran que ahora la puerta estaba plenamente abierta para que la compañera de tu vida usara los dones que el Señor le ha dado para el crecimiento del Reino. Él envía a quien quiere y nosotros no somos, ante la infinita voluntad de Dios, los llamados a decir: "Dios, ¿por qué lo haces así?", sino más bien debemos gozarnos cuando tenemos razón para creer que él obra para bien por medio de cualquiera. Un apóstol se regocija, aun cuando Cristo sea predicado por envidia y contienda. Desde hace mucho estoy convencido de que el Señor usa tales métodos e instrumentos para renovar, aumentar y llevar adelante Su trabajo, porque busca evitar el orgullo oculto del hombre y desea convencernos a todos de que éste es el trabajo de Dios –para que nadie se gloríe en la carne, pero si tiene de que gloriarse, se gloríe en el Señor.[19]

Los críticos extremistas contra la predicación femenina no deseaban darle ninguna tregua al asunto. La controversia estalló una vez más cuando los predicadores se reunieron en Manchester, du- rante la Conferencia de 1803. Se planteó una cuestión: "Entre los metodistas, ¿se debe permitir que las mujeres prediquen? Y la siguiente resolución restrictiva fue aprobada, con alguna presión de parte de la jerarquía:

En general, somos de la opinión que ellas no lo deben hacer, porque: 1. Una vasta mayoría de nuestra gente se opone a ello. 2. Porque si hay suficientes predicadores, a quienes Dios ha acreditado, para atender todos los lugares donde nuestra congregación debe desarrollar la predicación regular, su predicación no parece ser del todo necesaria. Pero si alguna mujer entre nosotros cree que tiene un extraordinario llamamiento de Dios para hablar en público (y si nosotros estamos seguros de que en realidad es un llamamiento extraordinario que pueda ser autorizado), creemos que ella debería, en general, dirigirse a mujeres y exclusivamente a ellas. Solamente con esta condición puede permitírsele a una mujer que predique en cualquier parte de nuestra congregación. Cuando se le permita, debe ser bajo las siguientes condiciones: 1. Sólo podrán predicar en el circuito donde residen, cuando hayan obtenido la aprobación del superintendente en una sesión trimestral. 2. Para que prediquen en otro circuito, deberán contar con una invitación escrita del superintendente del circuito interesado y también una nota de recomendación del superintendente de su propio circuito.[20]

De esta manera, las mujeres predicadoras recibieron la censura formal de los dirigentes metodistas wesleyanos. La suerte estaba echada por lo menos por todo el siglo XIX. Estas restricciones detuvieron drásticamente la influencia que las mujeres podían ejercer sobre la endurecida institución. Después de 1803, muchas de las mujeres que aspiraban a ser predicadoras tuvieron que abandonar su hogar metodista, para seguir su vocación cristiana. Algunas encontraron la aprobación de sus actividades dentro de un ámbito más amplio que la tradición metodista y se asociaron con los nuevos grupos wesleyanos que surgieron en los inicios del siglo XIX. Por ejemplo, en la Conferencia que dio origen a los Cristianos de la Biblia, cuarenta de los predicadores ambulantes eran mujeres. Cantidades similares se congregaron con los Metodistas primitivos.

La restrictiva resolución de la Conferencia se mantuvo vigente hasta la revisión de 1910. Sin embargo, en esta ocasión el único cambio fue que se suprimieron las palabras "la predicación debe ser a personas de su mismo sexo". Se agregó un inciso que restringía las actividades a aquellas áreas donde casi no hubiera oposición al trabajo femenino. Esta fue, entonces, la posición oficial dentro del metodismo wesleyano hasta la Unión Metodista de 1932. Las discusiones en cuanto a las mujeres predicadoras se siguieron presentando esporádicamente. Por ejemplo, en 1832 se dedicó un largo debate al trabajo de la llamada "Fe popular de Derby" y a los metodistas arminianos. Elizabeth Evans era la figura descollante y George Elliot el modelo, por el fascinante personaje de Dina Morris en su novela *Adam Bede*. Pero la Conferencia no tomó ninguna decisión formal.

A pesar de la marcada falta de predicadores ambulantes en la época cuando se celebró la Conferencia de 1804, los líderes mantuvieron la resolución contra las mujeres. Guillermo Bramwell, uno de los que apoyaban más fervientemente a María Taft, lamentó la decisiva acción de sus colegas de ministerio:

> *Esta regla no ha sido sometida a discusión nuevamente. Por lo tanto, me parece que mis amigos no debieron haber mantenido firme esa vieja resolución. Pero ya que lo han hecho y que han obedecido de esta manera, les aconsejaría que actuaran consecuentemente en todo, mientras estemos en la congregación. Esto es lo justo –mientras estemos en el Cuerpo, debemos someternos a todas las reglas hechas por ese Cuerpo-.*[21]

María Taft se sometió. Se amoldó meticulosamente a todas las reglamentaciones establecidas por la Conferencia y siguió predicando. Pero ella fue una excepción. A pesar de todos los intentos y propósitos, las voces de las mujeres dentro de la Iglesia Metodista Wesleyana fueron silenciadas. Sin embargo, ellas reencontrarían una nueva voz, en la ola de dramáticos cambios sociales. En el ir y venir de las corrientes sociales y religiosas, se encontrarían de nuevo en la cresta de la ola.

Epílogo
El legado

l camino de las mujeres predicadoras del metodismo primitivo fue largo y dificultoso. Un cúmulo de penas y perseverancia se esconde detrás de los fragmentos de la perdida historia de ellas. No hay duda de que las mujeres predicadoras colaboraron en hacer del avivamiento evangélico del siglo XVIII un poderoso movimiento religioso de perdurable significado. Fueron sobresalientes como pioneras en el establecimiento y la expansión del metodismo. Las mujeres predicadoras proclamaron un mensaje del poder de la vida vivida en Dios y de la fe que actúa por amor. La aceptación de su llamamiento como predicadoras, sin embargo, involucró un proceso doloroso y una real transformación.

Una pregunta importante brota de los hechos que hemos narrado y su significado y pertinencia llegan hasta nuestros días. ¿Por qué las mujeres tienden a encontrar más oportunidades para testificar y servir en los movimientos renovadores del cristianismo? Y tal vez una cuestión corolaria sea aún de mayor importancia: ¿Cómo se explica que el proceso de institucionalización tienda a empujar a las mujeres al margen de las estructuras? Nuestra perenne tarea como iglesia es mantener un balance dinámico entre el espíritu y las estructuras. La "cuestión mujer" siempre juega un papel crucial en esta dinámica tensión.

Nosotros también vivimos en una época de gran renovación dentro de la vida de la comunidad cristiana. El llamamiento de Dios a las mujeres es real hasta hoy y las que se sienten llamadas a predicar continúan luchando con la desaprobación de muchos que no aceptan esa vocación en la vida de ellas. El tema de las mujeres predicadoras ha provocado, una vez más, un crítico debate dentro de la familia cristiana. Como ya hemos visto, un puñado de factores se combinaron en el metodismo para crear el clima que condujo a que las mujeres predicadoras fueran aceptadas y autorizadas. Tres factores parecen haber sido particularmente significativos: la comprensión de Wesley del lugar y función de la mujer en general y de las mujeres predicadoras en particular, la dinámica de la teología del movimiento wesleyano y el tolerante ambiente de la Sociedad Metodista.

La condición de las mujeres predicadoras dentro del avivamiento wesleyano no puede comprenderse separada de la persona de Juan Wesley. Mucho de su aprecio por el lugar de sus colegas femeninas en la vida de la iglesia se puede trazar desde los años de su formación en la Rectoría de Epworth. Sus actitudes y acciones cambiaron drásticamente en el transcurso de varias décadas. Pero, a la distancia, es necesario retroceder hasta la influencia de su madre, Susana. Pocas veces dudó Wesley de este principio fundamental: a nadie, incluyendo a la mujer, se le debe prohibir que haga el trabajo de Dios, en obediencia al llamamiento interior de su conciencia. Esta convicción lo llevó no solamente a aceptar sino a estimular la controversial práctica de la predicación femenina en su tiempo.

En segundo lugar, el impulso igualitario del avivamiento wesleyano se afirmaba sobre ciertos principios comunes en la mayoría de los movimientos renovadores. Entre estos principios primarios están el valor individual de las personas, la posibilidad de la comunicación directa con Dios, el énfasis en la actividad del Espíritu Santo en la vida del creyente, la importancia de comunicar la experiencia cristiana, el derecho de conciencia y la doctrina del sacerdocio de todos los creyentes. Todos estos conceptos combinados crearon la atmósfera teológica que condujo al reconocimiento de las mujeres predicadoras.

La meta personal de Wesley consistía en una experiencia religiosa capaz de transformar tanto al individuo como a la sociedad. Su dinámico enfoque de la salvación y de la vida cristiana trascendía las distinciones sexuales y sociales. La vocación cristiana es una dádiva de la gracia que se ofrece a todos. La unidad e igualdad de todos los creyentes en Cristo (Gálatas 3.28), se convirtió en un concepto inherente a la predicación evangélica de los predicadores ambulantes wesleyanos. No se trataba solamente de expresar la fe en el trabajo de todos, sino que los talentos individuales debían desarrollarse como algo sagrado que Dios había confiado a hombres y mujeres. Estas actitudes socavaron los estereotipos que aún prevalecían en cuanto a la condición y papel de las mujeres en la sociedad. La predicación femenina era una natural progresión y una lógica extensión de la teología wesleyana de la experiencia religiosa.

En tercer lugar, la Sociedad Metodista proveyó un ambiente liberador para las mujeres. Los pioneros que iniciaron las nuevas sociedades asumieron naturalmente las posiciones de dirección. Al permitir que las mujeres asumieran posiciones importantes en la estructura de las Sociedades, Wesley expresó concretamente la libertad que proclamaba en su predicación. A los individuos que permanecían en la periferia de la sociedad inglesa se les capacitó y autorizó para el servicio. Las mujeres ascendieron de rango en las Sociedades Metodistas en respuesta al reto que Dios les había presentado. Sus talentos fueron reconocidos. La mutua confianza y el estímulo acrecentaron el sentido de autoestima y propósito en la vida. Ellas fueron reconocidas por su habilidad para dar.

Como dirigentes de clubes y clases, visitadoras de enfermos y exhortadoras dentro de las Sociedades, muchas mujeres sirvieron – por todos sus esfuerzos y propósitos- como verdaderas copastoras. Se sintieron libres para expresarse y ejercitar sus dones. Con los sencillos actos de adoración y servicio que llevaron a cabo, guiaron a la familia metodista. La Sociedad Metodista, por tanto, proveyó un imponderable sistema para apoyar a las mujeres que se sentían llamadas por Dios para realizar actividades tradicionalmente reservadas a los hombres. En el rico terreno de la Sociedad Metodista, las mujeres predicadoras se educaron, maduraron sus dones y cualidades y se afirmaron en la cosecha de abundantes frutos.

Las historias de las mujeres predicadoras deben estudiarse obligatoriamente. La fe de "ella" es contagiosa. Su poderoso mensaje de una salvación total, libre y siempre viva es un evangelio que necesitamos recuperar. Nos acercamos al final de este estudio y considero que no habría tributo más adecuado a las mujeres predicadoras del metodismo primitivo y su legado que permitir que una de estas pioneras proclame el mensaje del amor de Dios en sus propias palabras.

Los siguientes extractos son invaluables porque provienen del único sermón existente de una pionera de la primera generación de mujeres predicadoras del metodismo. En esta poderosa exposición de Hechos 27.29, María Fletcher describe "el amor creador y redentor de Dios" y las "promesas" de Dios en Cristo. Estas son las anclas de una fe viva. Estas son las fuentes de la esperanza y de la vida que sostienen a las mujeres en su arduo peregrinaje de fiel discipulado.

> *Déjanos lanzar un ancla ahora. Estoy consciente de que tu cuerda es corta y, por tanto, debemos buscar algún asidero tan cerca de ti como nos sea posible. Trataremos, si podemos, de encontrarlo en el amor creador de Dios, que nos circunda por todos lados. Miremos la creación; observemos el tierno amor de las aves hacia sus polluelos y aun el de las fieras salvajes. ¿De dónde hace esto la primavera? Es de Dios. Hay una sombra de la infinita compasión que reina en Su corazón.*

> *Levántate un poquito más alto. Fija tus ojos en el hombre. ¿Cómo puede él amar a un hijo necio que no le sirve ni a Dios ni le sirve a él? Pero si ese hijo vierte una sola lágrima de tristeza, produce al menos una señal de arrepentimiento y da unos pasos, ¡cómo podría el padre no correr a su encuentro!*

> *Cree, entonces, que "este Autor de todo amor está más listo para darte el Espíritu Santo, de lo que tú estás para dar buenas dádivas a tus hijos". ¿No tomarás esta ancla? ¿No te atraerá todavía al hogar? Bien, el asidero es bueno, pero tu cuerda es demasiado corta. Probemos otra ancla y la clavaremos en el amor redentor.*

¡Levanta tus ojos de fe –mira a tu sangrante salvador-!
¡Mira todos tus pecados amontonados en su sagrada
cabeza! El ha bebido toda la copa de amargura en tu lugar.
El te ofrece darte esta misma noche su amistad y comunión.
Ven y déjame oír alguna voz en medio de tu oración de
entrega, mientras dices con el poeta cristiano:

> *Ahora he encontrado en donde anclar*
> *Segura el ancla de mi alma puede permanecer;*
> *Las heridas de Jesús, por mi pecado,*
> *Ofrecido desde antes de la fundación del mundo.*

Pero, tal vez, todavía haya algunas almas temblando
perdidas. A favor de ellas trataremos de encontrar un firme
asidero todavía más cercano. Tiraremos nuestra tercera
ancla sobre las promesas. Aquí hay algunas totalmente
a tu alcance: "El que viene a mí, yo no lo echo fuera.
Quienquiera que sea, tome el agua de la vida libremente.
Yo no vine a llamar a los justos, sino a los pecadores al
arrepentimiento". Sí, "El vino a buscar y a salvar lo que
se había perdido". ¿Estás perdido? ¿Perdido en tu propia
opinión? Entonces, él vino a salvarte a ti. Sí, y a buscarte.
Él te busca esta noche tan diligentemente como el pastor
busca a su oveja perdida.

Aquí está el gran diseño del maravilloso plan de salvación:
restaurar al hombre a su original comunión con Dios. Él
ha dicho: "Al que está sediento yo le daré del agua de la
vida libremente". Ahora desea hacer de tu alma su morada
amada, el templo de Dios. Hay un lugar de descanso que
permanece dispuesto para el pueblo de Dios. Tú que amas al
Señor, recuerda: "El vino no solamente para que pudieras
tener vida", sino para que "la tengas en abundancia".
Hasta el final de nuestra creación nosotros podemos llegar a
ser "la habitación de Dios, por medio del Espíritu Santo".[1]

Este era el mensaje de las primeras predicadoras
metodistas. El corazón de las buenas nuevas que
anunciaban era una profunda confianza en la gracia
de Dios, unida con la santidad del corazón y la vida.
Ellas creían que la experiencia actual del amor de

Dios, era tanto individualmente transformadora como socialmente redentora. Las mujeres predicadoras ofrecieron la plenitud de la gracia de Dios en Cristo para todos. ¡Y este urgente mensaje es tan obligatorio hoy como siempre lo ha sido!

> *Oh, si tú pudieras hacer lo que Jacob hizo y ser tan sincero con Dios que su amor llene todo tu corazón. Como las Escrituras lo expresan: el amor de Dios inunde vuestros corazones por el Espíritu Santo que os he dado.*[2]

Las mujeres, habiendo sido despertadas por la proclamación del amor del Padre por ellas como seres humanos únicos, experimentaron la adopción como hijas de Dios. Mantuvieron su proclama como co-herederas con Cristo. Cada mujer trajo sus dones de amor ante el Señor y los ofreció para la construcción de la nueva era de Dios. A los perdidos, les ofrecieron guías para continuar su peregrinación. Hasta el final, cada una de ellas proclamó un mensaje de esperanza. Hasta el final cada una describió un nuevo orden en el amor de Dios, el cual se caracteriza por un radical cambio de lugar. ¡Cada una de ellas ofreció a Cristo y su legado nunca se olvidará! Filipenses 4.3.

Lecturas adicionales

ste breve apéndice bibliográfico pretende ser una guía de lecturas adicionales, a fin de ampliar el área de estudios sobre las mujeres cristianas. Aunque el enfoque de este libro ha sido la tradición metodista, esperamos que el legado que usted ha descubierto haya ampliado el panorama de su punto de vista. Intencionalmente hemos restringido esta investigación a un material que es relativamente fácil de encontrar y adquirir. Muchos de estos trabajos incluyen ayudas bibliográficas que permiten un mayor estudio o lecturas inspiradoras.

El mejor punto para iniciar una exploración de los papeles de las mujeres en la vida de la iglesia es una biografía cristiana. *Grandes mujeres de la fe cristiana*, de Edith Deem (Harper, 1959), que fue un precoz intento por compilar esbozos biográficos de mujeres brillantes, todavía resulta muy confiable. Un volumen paralelo más reciente es *Grandes mujeres de la fe*, de Nancy A. Hardesty (Abingdon, 1980). Un atractivo rasgo de esta colección es el enfoque de Hardesty sobre la consecuencia entre la palabra y la vida de las mujeres renovadas. Los tres volúmenes del último trabajo, del distinguido historiador de la iglesia, Roland Bainton, titulados *Mujeres de la Reforma* (Augsburgo, 1971-1977) deben incluirse también entre esta colección de ensayos.

El movimiento feminista, sin embargo, ha generado una explosión de investigaciones que buscan revisar nuestra comprensión del pasado y no sencillamente compensar la negligencia de las edades pasadas. Los estudiosos no solamente han incluido a las mujeres olvidadas inicialmente dentro del panorama general, sino que en el proceso han encontrado necesario reconstruir completamente nuestra imagen del pasado. *En memoria de ella: Una reconstrucción teológica feminista de los orígenes cristianos* (Crossroad, 1983), de Elizabeth Schüssler Fiorenza, constituye un modelo de este proceso. *Mujeres de Espíritu: dirigencia femenina en las tradiciones judía y cristiana* (Simón & Schuster, 1979), editado por Ruether y McLaughlin, enmarca un territorio similar en un esfuerzo por recobrar los capítulos perdidos de la historia y crear nuevos paradigmas de entendimiento. Otro importante trabajo, *El lado inferior de la historia: Un pano- rama de las mujeres a lo largo del tiempo* (Westview, 1976) por Elise Boulding, es un intento sistemático por reconstruir la historia, como se infiere del título, desde la perspectiva de las mujeres oprimidas.

En 1980, Kenneth E. Rowe preparó para la Comisión General de la Iglesia Metodista un panfleto bibliográfico sobre archivos e historia intitulado *Mujeres metodistas: Una guía a la Literatura* (disponible mediante el Concilio Mundial Metodista, Lake Junaluska, Carolina del Norte). Esta es una invaluable ayuda para localizar fuentes específicamente relacionadas con esta tradición. Una serie de dos volúmenes titulada *Mujeres en nuevos mundos* (Abingdon, 1981, 1982), editada por Thomas y Keller, Queen y Thomas respectivamente, es una singular colección de ensayos que proveen perspectivas históricas sobre las mujeres en la tradición wesleyana. Las ricas y variadas historias presentadas en estos volúmenes proveen una sin par descripción de las mujeres en el metodismo. Un poco menos accesible y considerablemente más caro es *Mujeres en el metodismo del señor Wesley*, por Kent Brown (Mellon), que enfoca los papeles de las mujeres en el metodismo primitivo.

Cuando retornamos al asunto de las mujeres predicadoras metodistas, las fuentes son virtualmente inaccesibles. La mayoría de los trabajos sobre el tema a los que hace referencia este libro sólo pueden encontrarse en las bibliotecas teológicas o en las investigaciones especializadas. Esto es lamentable, porque hay una rica información interesante y adecuada que debe extraerse de las páginas de numerosos diarios, periódicos, cartas y biografías. Las biografías de muchas de estas mujeres, basadas en estas fuentes, todavía están por escribirse.

La excepción a esta regla general es el material relacionado con Susana Wesley, a quien se ha venerado más como madre que como una persona de tremenda altura que brilla con luz propia. El estudio más profusamente documentado de Susana *es Susana Wesley y la tradición puritana en el metodismo* (Epworth, 1968), por John A. Newton. Este volumen puede complementarse con el enfoque biográfico popular por Rebeca Harmon, *Susana, madre de los Wesley* (Abingdon, 1968). Juntos, estos libros aportan una rica visión de esta olvidada figura. Para aquellos que ya han tenido acceso a una biblioteca teológica, John Newton provee un juicioso sumario de material biográfico en "Susana Wesley (1669-1742): Una investigación bibliográfica", Sociedad Histórica Wesley, Procedimientos 37 (junio, 1969): 37-41.

Con respecto al debate contemporáneo en cuanto a la condición y papel de las mujeres en la iglesia, solamente mencionaré varios títulos de un creciente cuerpo de literatura. Un pequeño panfleto que permanece como un clásico es *La Biblia y el papel de las mujeres* (Fortress, 1966), por Krister Stendahl. Stendahl proporciona un congruente punto de vista bíblico del hombre y la mujer, en el cual se abarcan tanto la emancipación como la ordenación. Dos estudios ecuménicos sobre la ordenación de las mujeres son valiosos. En su libro *Cuando el ministro es una mujer* (Rolt, Rinehart y Winston, 1970), Elsie Gibson desentraña numerosas investigaciones y estudios para mostrar que las injusticias por la diferencia entre los sexos a menudo permanecen en las estructuras de la iglesia en cuanto a la ordenación. Un estudio más reciente titulado *La ordenación de mujeres en una perspectiva ecuménica* (Concilio Mundial de Iglesias, 1980), editado por constance F. Parvey, provee un examen de la condición actual de las mujeres clérigas en todo el espectro de la iglesia. Una sencilla, legible y más práctica guía de la dirigencia de las mujeres en la iglesia es *Mujeres como pastores* (Abingdon, 1982), en la Creativa Serie de Dirigencia editada por Lyle E. Schaller.

Para aquellos de ustedes que prefieren una buena novela a la investigación de carácter más académico, no puedo dejar de mencionar el clásico de George Elliot, *Adam Bede*, personaje central en el que Dina Morris basó a una de las más notables mujeres predicadoras de los inicios del siglo XIX, Elizabeth Evans.

En las búsquedas de ustedes en esta área, sean académicas o para inspiración, mi ruego es que algo de la devoción de estas mujeres a Cristo y su amor por los demás tenga un efecto transformador en sus vidas. En el redescubrimiento y comunicación de la vida de ellas, todos nos bendecimos.

Notas

1. SE INICIA UN PROCESO DE LIBERACIÓN

1. Juan Robinson, *Los trabajos de Juan Robinson*, Ed. Roberto Ashton, 3 Vols. (Londres: Juan Snow, 1851), 3:55.

2. Arturo Lake, *Sermones con algunas meditaciones religiosas y meditaciones divinas*, 3 Vols. (Londres: Impreso por W. Stansby y N. But- ler, 1629), 3:78 (ortografía actualizada). La mujer predicadora en cuestión puede haber sido Dorothy (Kelly) Hazzard, una famosa predicadora de la Capilla (Bautista) Broadmead en Bristol.

3. De *El sismático examinado*, citado por Julia O'Faolain y Laurel Martínez, Eds., en *No a la imagen de Dios: La mujer en la historia desde los griegos hasta los victorianos* (Nueva York: Harper & Row, publicadores, 1973), p. 264.

4. Juan Rogers, *Ohel o Beth-shemesh* (Londres: R.I. y G. Y H. Eversden, 1653), II. Viii.

5. Herbert Butterfield, "Inglaterra en el Siglo Dieciocho", en *Una Historia de la Iglesia Metodista en la Gran Bretaña*, Ed. Ruper Davies y Gordon Rupp, 4 Vols. (Londres: Epworth Press, 1965), 1:23-24.

6. *La Revista de los Hombres: O, Servicio de Inteligencia Mensual* 5,9 (septiembre 1735): 555.

7. Juan Wesley, *La Revista del Reverendo Juan Wesley, A.M.*, Ed. Nehemías Curnock, 8 Vols. (Londres: Epworth Press, 1909-1916), 3:32.

8. Susana Wesley a Lady Yarborough, 7 de marzo, 1702, citado en Roberto Walmsley, "Los padres de Juan Wesley: Disputa y Reconciliación", *Wesley Historical Society, Proceedings*, 29, 3 (septiembre 1953): 52.

9. Susana Wesley a Samuel Wesley, 6 de febrero, 1712, como aparece citado en Wesley, Revista, 3:32.

10. Juan Whitehead, *La vida del reverendo Juan Wesley, A.M.*, 2 Vols. (Londres: Couchman, 1793, 1796), 1:47-48.

11. Ibid., 1:54

12. V.H. Green, *El Joven Señor Wesley: Un estudio de Juan Wesley y de Oxford* (Londres: Arnold, 1961), pp. 53-54.

13. Las Reflexiones de Alejandro Knox, como fueron impresas en Roberto Southey, *La Vida de Wesley: y el surgimiento y progreso del metodismo*, nueva Ed., 2 Vols. (Londres: Longman, Green, Robert & Green, 1864), 2:295.

14. Margaret Bovey (después de la señora James Burnside), La señora Robert Gilbert y la señora Mary Vanderplank, todas sirvieron como diaconisas, bajo la dirección de Juan Wesley. Wesley, *Revista*, 1:239-46, 272, 276, 314, 329, 337, 364-69, 376, 387.

15. Juan Wesley a la señora Fox, 24 de noviembre, 1738, Juan Wesley, *Los trabajos de Juan Wesley*, Ed. Frank Baker. Vols. 25-26: Cartas I y Cartas II, Ed. Frank Baker (Oxford: En la Clarendon Press, 1980, 1982), 25:588-89.

16. Juan Wesley a J. Hutton y señor Fox, 24 de noviembre, 1738, Wesley, *Trabajos* (Edición Oxford), 25:588.

2. EN EL FRENTE DEL AVIVAMIENTO

1. James Lakington, *Memorias*, Nuevo Ed. (Londres: Por el autor, 1794), p. 123.

2. Wesley, *Diario*, ed. Nehemiah Curnock, 8 vol. (Londres: Epworth Press, 1909-1916) 2:174.

3. 23 de julio, 1740, Wesley, *Ibid.*, 2:371.

4. Tomás Jackson, Ed. *La vida de los primeros predicadores metodistas*, 4a. Ed., 6 Vols. (Londres: Oficina de la Conferencia Wesleyana, 1875), 1:60.

5. Abraham Watmough, *Una historia del metodismo en la ciudad de Lin- coln* (Lincoln: Impreso por R.E. Leary, 1829), p. 24. Esta carta del 18 de enero de 1788 obviamente se escapó de la atención de Telford en su edición normal de las Cartas de Wesley.

6. Wesley, *Diario*, 3:103.
7. William Bowman, *La impostura del espectáculo del metodismo* (Londres: Impreso por José Lord, 1740), p. 27.
8. Carlos Wesley, *El Diario del Reverendo Carlos Wesley, M.A.* Ed. Tomás Jackson, 2 Vols. (Londres: Juan Mason, 1849), 1:152.
9. Carlos Wesley, *Diario*, 1:307. Su alusión a las prohibiciones paulinas es evidente.
10. Juan Wesley, *Las cartas del Reverendo Juan Wesley, A.M.*, ed. Juan Telford, 8 Vols. (Londres: Epworth Press, 1931), 2:119-20. Esta publicación, "Una carta a una persona tardíamente asociada con la gente llamada cuáqueros", salió en no menos de tres ediciones en un mismo año. Fue, consecuentemente, reimpresa en el famoso escrito de Wesley *Precauciones contra las nociones inestables en religión*.
11. Jorge Lavington, *El entusiasmo comparado de los metodistas y papistas*. Parte II (Londres: J. Y P. Knapton, 1749), p. 126.
12. Wesley, Trabajos, (Edición Oxford), 11:406.

3. ELLA MARCÓ EL CAMINO A SIÓN

1. Wesley, *Cartas*, Ed. John Telford, 8 vols. (Londres: Epworth Press, 1931), 6:233.
2. José Sutcliffe, *La experiencia de la señora Frances Pawson*. (Londres: Impreso en la Oficina de la Conferencia, por Tomás Cordeux, 1813), p. 84.
3. Juan Wesley, *Los trabajos del Reverendo Juan Wesley, M.A.*, Ed. Tomás Jackson, 14 Vols. (Londres: Mason, 1829-31), 8:263.
4. Sermón XCVIII. "Sobre la visitación a los enfermos", Wesley, *Trabajos*, 7:125-26.
5. William Bennet, *Memorias de la señora Graciela Bennet* (Macclesfield: E. Bayley, 1803), p. 29.
6. Ibid., pp. 13-14.
7. Ibid., p. 19.

8. William W. Stamp, *El orfanato de Wesley: El metodismo primitivo en Newcastle-upon-Tyne.* (Londres: J. Mason 1863), p. 48.

9. El relato manuscrito de Wesley se conserva en la Biblioteca Británica y ha sido reproducido fielmente en J. Augustín Leger, *El eterno amor de Juan Wesley* (Londres: J. M. Dent e hijos, 1910).

10. Juan Wesley a Carlos Wesley. 23 de junio, 1739, Wesley, *Trabajos*, (Edición Oxford), 25:660

11. Ibid., 26:206.

12. Ibid., 26:610-11.

13. Ver Frank Baker, *Juan Wesley y la Iglesia de Inglaterra* (Nueva York: Abingdon Press, 1970), p. 83.

14. *Un repaso de la política, doctrinas y moral de los metodistas* (Londres: J. Johnson, 1791), p. 8.

4. ¿PREDICÓ ELLA, O NO?

1. Juan Pipe, "Memorias de la señorita Isabela Wilson", *Revistas Metodistas* 31 (1808): 461.

2. Wesley, *Diario*, 5:94.

3. Guillermo Bramwell, *Una corta historia de la vida y muerte de Ana Cutler*, (York: Impreso por Juan Will, 1827), p. 6.

4. "Algunos relatos de Sara Peters", *Revista Arminiana* 5 (1787): 128.

5. Ibid., p. 129.

6. Wesley, *Diario*, 3:250. 7.

7. Ibid., 6:126.

8. Ibid., 4:471.

9. Ibid., 4:432.

10. Ibid., 5:371.

11. Sara Crosby, MS Correspondencia, 1760-1774, Biblioteca Perkins, Universidad Duke, pp. 111-113.

12. Juan Wesley a Jane Hilton, Wesley, *Cartas*, 5:128.

13. Juan Wesley a Jane Barton, Ibid., 5:151.

14. Branwell, *Historia de Ana Cutler*, p. 21.

15. Wesley, *Cartas*, 6:94.
16. Ibid., 4:202.
17. *Una corta historia de la señora Elizabeth Maxfield* (Londres: Impreso por J.W. Pasham, 1778), p. 30.
18. Zacarías Taft, *Bosquejos biográficos de mujeres santas*, 2 Vols. (Londres: Kershaw, 1825: Leeds: Cullingworth y J. Stephens, 1828), 1:128.
19. Taft, *Mujeres santas*, 1:97.
20. Ibid., p. 201.
21. Wesley, *Cartas*, 4:51-52.
22. "¿Debemos separarnos de la Iglesia de Inglaterra?" citado en Baker, *Juan Wesley y la Iglesia de Inglaterra*, p. 333. Este mismo punto de vista se expresa en su sermón posterior "El oficio ministerial".

5. EXPERIMENTANDO CON EL PÚLPITO Y SIN ÉL

1. La gracia de Dios manifiesta" es un relato de la señora Crosby, de Leeds, *Revista Arminiana* 29 (1806): 420-21.
2. Henry Moore, *La vida de la señora Mary Fletcher*, Sexta Edición (Londres: J. Kershaw, 1824), p. 27.
3. *Revista Arminiana*, 29:446-67.
4. Ibid., p. 470.
5. Ibid., p. 518. Note las semejanzas entre este relato y la experiencia de Susana Wesley en la Rectoría de Epworth.
6. Ibid.
7. Wesley, *Cartas*, 4:133.
8. Revista Arminiana, 29:164.
9. Obviamente la carta pierde una sección en el margen izquierdo de la primera página. Telford intentó reconstruir la carta, pero solo lo consiguió parcialmente. Ver, Wesley, *Cartas*, 4:164. Para una discusión completa de la carta y de las pruebas de su reconstrucción, ver Paul W. Chilcote, "Juan Wesley y las mujeres predicadoras del metodismo primitivo", disertación doctoral, Universidad de Duke, 1984, pp. 355-56.

10. Juan Wesley, *Notas explicativas sobre el Nuevo Testamento* (Londres: Bowyer, 1755), 1 Corintios 14.34.

11. Sara Crosby al señor Oddie, en la Nueva Casa, en el Caballo Blanco, Bristol, desde Londres, 28 de enero de 1763, Archivos Metodistas, Biblioteca de Rylands, Universidad de Manchester.

12. Moore, *La vida de Mary Fletcher*, p. 29.

13. 4 de enero, 1758, Wesley, *Diario*, 4:247.

14. Wesley, *Diario*, 5:102. Wesley fundó la Escuela Kingswood cerca de Bristol según el modelo de la Escuela Orfanato de Francke, en Halle.

15. Moore, *Fletcher*, pp. 46-47.

16. *Actas de las Conferencias Metodistas* (Londres: Oficina de la Conferencia), 1:52.

17. Sara Crosby a la señora_____, 7 de julio de 1765, MS Libro de Cartas, pp. 37-38.

18. Wesley, *Diario*, 5:195.

19. Wesley, *Cartas*, 5:46.

20. Moore, *Fletcher*, p. 77.

21. Wesley, *Cartas*, 5:130.

22. Ibid., p. 113.

23. "Relato de la señora Hannah Harrison", *Revista Metodista* 25 (1802): 318.

24. Wesley, *Cartas*, 5:150.

25. Ibid., p. 193.

26. Ibid., p. 157.

6. MUJERES EXTRAORDINARIAS
PARA TAREAS EXTRAORDINARIAS

1. El texto está basado sobre la primera publicación de la carta de Zacarías Taft, *La doctrina bíblica de las mujeres predicadoras: establecida y aclarada* (York: R. Y J. Richarson, 1820), pp. 19-20. Se ha comprobado con el manuscrito copia de la carta, en Crosby, MS Libro de correspondencia, pp. 55-61. No se notaron mayores variaciones textuales.

2. Del manuscrito en los archivos metodistas, corregido por Wesley, *Cartas*, 5:257.

3. Wesley, *Cartas*, 5:257-58.

4. Ibid., 6:290-91.

5. Rufus M. Jones, *Los períodos posteriores del cuaquerismo*, 2 Vols. (Londres: Macmillan y Co. Ltda. 1921), 1:198.

6. Wesley, *Cartas*, 7:8-9.

7. "La experiencia de la señora Ana Gilbert, en Gwinear, en Cornwall", *Revista Arminiana* 18 (1795): 44.

8. Taft, *Mujeres Santas*, 2 Vols. (Londres: Kershaw, 1825, Leeds: Cullingworth y J. Stephens, 1828), 1:50-51.

9. Ibid., p. 51.

10. Citado en C.H. Crookshank, *Historia del metodismo en Irlanda*, 3 Vols. (Belfast: R.S. Allen, 1865), 1:182. Cp. Wesley, Diario, 5:113.

11. Edward Smyth, Ed. *La extraordinaria vida y experiencia cristiana de Margarita Davidson, como fue dictada por ella misma* (Dublin: Dugdale, 1782), p. 97.

12. Taft, *Mujeres Santas*, 1:178-79. 13. Ibid., p. 181.

14. El texto es la transcripción del borrador de una carta escrita a mano por el Rev. José Benson, Número 167 en la Colección W.I. Watkinson, New Room, Bristol. El manuscrito no contiene marcas postales de ningún tipo y es muy probable que sea una carta enviada a un predicador metodista itinerante. Se le asigna la fecha provisional de octubre de 1775.

15. 1 de abril de 1773, Dublín, Wesley, *Cartas*, 6:23.

16. 26 de diciembre de 1776, Londres, Ibid., pp. 245-46.

17. Wesley, *Cartas*, 6:23.

18. María predicaba frecuentemente sobre pasajes del Antiguo Testamento. Esta referencia a Daniel 3.16 es el primer texto registrado en su diario, según se cita en Moore, *Fletcher*, p. 98.

19. *Revista Arminiana*, 29:295.

20. Moore, *Fletcher*, p. 103.

21. 28 de mayo de 1775, Ibid., p. 107. 22. Ibid., pp. 107-108.

23. Ibid., pp. 117-19.

24. Ibid., p. 120.
25. Taft, *Mujeres santas*, 2:69.
26. Ibid., 1:104. Ver también el interesante relato de Isabela Mackiver sobre la visita de Sara a Scarborough en Susan C. Brooke, "El diario de Isabela Mackiver", *Sociedad Histórica Wesley, Procedimientos* 28,8 (diciembre 1952): 161.
27. Taft, *Mujeres santas*, 2:84.
28. *Revista Arminiana*, 29:567.
29. José Sutcliffe, *La experiencia de la señora Frances Pawson* (Londres: T. Cordeux, 1813), p. 33.
30. Sara Crosby a Elizabeth Hurrel, Mansión de la Cruz, 2 de julio de 1774, Crosby, MS Libro de correspondencia, pp. 69-71.
31. Taft, *Mujeres santas*, 2:75.
32. Luke Tyerman. *El sucesor designado de Wesley: la vida y trabajos literarios del Rev. Juan William Fletcher, Vicario de Modeley, Shropshire* (Londres: Hodder y Stoughton, 1882), pp. 400-1. Fletcher estaba ya muy viejo para ser el esposo de Mary Bosanquet. Esta es una de las muy explícitas afirmaciones que él hace sobre el asunto de las mujeres predicadoras, aunque era uno de sus más fuertes defensores. La obvia alusión bíblica es a Hechos 2.28 donde se cita al profeta Joel.

7. "HERMANDAD FEMENINA"
ENTRE LOS HOMBRES

1. Richard Collett, manuscritos no publicados sobre la vida de Elizabeth Tonkin Collett.
2. Taft, *Mujeres santas*, 2:116.
3. Wesley, *Diario*, 6:338-39.
4. Ibid., Curnock, fecha este hecho alrededor de 1779.
5. Del diario de Adam Clarke, citado en J.B.B. Clarke, Ed., *Un relato de la vida de Adam Clarke*, 3 Vols. (Londres: T.S. Clarke, 1833), 1:215-16.

6. J. Conders Nattrass, "Algunas notas del más antiguo registro del Gran Circuito de Yarmouth", *Sociedad Histórica Wesley: Procedimientos* 3 (1902): 74.
7. Clarke, *La vida de Adam Clarke*, 1:216.
8. Taft, *Mujeres santas*, 2:27.
9. Wesley, *Diario*, 7:226-27. Wesley publicó un relato de la vida de ella, escrito por un tío, William Mallitt, en la *Revista Arminiana* 11 (1788): 91- 93, 130-33, 185-88, 238-42.
10. *Revista Arminiana*, 11:92.
11. J.E. Hellier, "Algunas mujeres predicadoras metodistas", *Archivo metodista Número de invierno* 36 (Navidad 1895):66.
12. Citado en Taft, *Mujeres santas*, 1:84.
13. En los inicios del siglo XIX, Zacarías Taft obtuvo el documento original y lo reprodujo en su *Mujeres santas*, 1:84. Cp. Wesley, *Cartas*, 8:15.
14. Citado en Taft, *Mujeres santas*, 1:84-85.
15. Wesley, *Cartas*, 8:77-78.
16. Ibid., pp. 118-19.
17. Ibid., p. 229.
18. Ibid., p. 190.
19. *Revista Arminiana*, 7 (1784): 470.
20. Tomás Jackson, Ed., *La vida de los primeros predicadores metodistas*, 6 Vols. (Londres: Oficina de la Conferencia Wesleyana, 1875), 6:102.
21. Luke Tyerman, *El sucesor designado de Wesley: La vida, cartas y trabajos literarios del Rev. Juan William Fletcher, Vicario de Madeley* (Londres: Hodder y Stoughton, 1882), p. 502.
22. Moore, *Fletcher*, p. 154.
23. *Revista Wesleyana Metodista* 60 (1837):901-2.
24. Moore, *Fletcher*, pp. 159-60.
25. Citado del diario de ella en Hellier, "Algunas mujeres predicadoras", p. 66. Wesley, que la oyó predicar en varias ocasiones registró su impresión en el *Diario*. "Sus palabras fueron como fuego e impartían luz y calor al corazón de todos los que la escuchaban" (7:247). Su manera de hablar "es ahora suave, tranquila y natural

aun cuando el sentido es profundo y fuerte" (7:249).

26. María Fletcher, *Un relato de Sara Lawrence* (Londres: Tomás Cordeux, 1800), pp. 8-9.

27. Ibid., p. 13. Note la semejanza con Susana Wesley.

28. Fletcher, Laurence, p. 21.

29. J.E. Hellier, "La Capilla Madre de Leeds", *Archivo Metodista Número de invierno* 35 (Navidad de 1894): 64.

30. Wesley, *Cartas*, 7:175-76.

31. 31 de enero, 1791. Ibid., 8:258-59.

32. 20 de junio de 1790, Kirkstall-Forge, Zacarías Taft, *Cartas originales, nunca antes publicadas, sobre religión doctrinal, experimental y práctica* (Whitby: George Clark, 1821), pp. 66-67. Esta carta fue escrita a la señora Holder, quien más tarde llegó a ser una predicadora y asistente ambulante en el circuito de su esposo.

8. EXPLOTA LA CONTROVERSIA

1. Taft, *Cartas originales*, p. 66.

2. Citado del Diario de ella en Taft, *Mujeres santas*, 2:197.

3. Zacarías Taft, "Algunos relatos de Elizabeth", en Branwell, *Cutler*, p. 32.

4. María Taft, *Memorias de la vida de la señora María Taft; originalmente señorita Barritt*, 2a. Edición ampliada (York: M. Taft, 1828; Devon: S. Thorpe, 1831).

5. Taft, Memorias, 1:vi.

6. Ibid., p. 30.

7. Ibid., p. 64.

8. Ibid., 2:11-12. Es muy probable que la mujer predicadora mediante la cual él se convirtió fuera Sara Crosby.

9. James Sigston, *Una memoria de la vida y ministerio del señor W. Bramwell*, 2 Vols. (Londres: James Nichols, 1821, 1822), 1:206-7.

10. Carta del 10 de marzo de 1796, *Revista Arminiana* (Cristianos bíblicos) 3,12 (diciembre, 1824): 431.

11. Taft, *Cartas originales*, p. 103.

12. J. Entwistle, *Memoria del Reverendo José Entwistle* (Bristol: J. Entwistle, 1848), p. 231.

13. *Actas de las Conferencias Metodistas en Irlanda* (Dublín: Co. de libros religiosos y generales, 1864), p. 152. La moción fue aprobada por una pequeña mayoría.

14. Carta manuscrita en los Archivos Metodistas, Biblioteca Juan Rylands, Universidad de Manchester.

15. Taft, *Memorias*, 2:49-50.

16. José Benson a Z. Taft, 25 de octubre, 1802, Archivos Metodistas.

17. George Sykes a José Benson, Archivos Metodistas.

18. 25 de octubre, 1802, Archivos Metodistas.

19. Taft, *Memorias*, 2:77-79.

20. *Actas de las Conferencias Metodistas* (Londres: Oficina de la Conferencia, 1812), 2:188-89.

21. Sigston, *Bramwell*, 2:214-15.

EPÍLOGO

1. Moore, *Fletcher*, pp. 405-9.

2. María Tooth, *Una carta al pueblo de Madeley* (Shiffnal: A. Edmonds, s.f.), pp. 17-18.

Síntesis biográfica

El Dr. Paul W. Chilcote es seguidor de Jesús, ministro metodista, misionero y educador teológico. Ofrece charlas y talleres en estudios wesleyanos, especialmente en las áreas de espiritualidad, adoración, discipulado y evangelización. Es autor de más de veinte libros.

Actualmente es Profesor de Teología en el Asbury Theological Seminary (Seminario Teológico Asbury) en Orlando, Florida, pero ha trabajado en la educación teológica en tres continentes, sirviendo como misionero con su esposa Janet en Kenia, en la St. Paul United Theological University (Universidad Teológica Unida de San Pablo) y como miembro fundador de la Africa College (Universidad África) en Zimbabue. También ha enseñado en el Ashland Theological Seminary (Seminario Teológico Ashland), Duke Divinity School (la Escuela de Divinidades Duke) y la Methodist Theological School (Escuela Teológica Metodista) en Ohio.

Tiene interés particular en la teología y espiritualidad wesleyana, el discipulado y renovación cristiano y estudios de la mujer. Fue presidente de la Charles Wesley Society (Sociedad Charles Wesley) y la Evangelism Academy (Academia para el Evangelismo). También disfruta una relación especial con la Mt. Angel Abbey (Abadía Monte Ángel) en Oregon como Oblate Benedictino.

Con su esposa, Janet, tiene cinco hijas y cinco nietos, incluyendo varias nacionalidades que representan cuatro continentes: El Salvador, Kenia, Corea y Estados Unidos.